Michaela Bauks / Kerstin Offermann

Ökumenische Bibelwoche 2023/2024
Arbeitsbuch

Und das ist erst der Anfang …

Exegesen, Bibelarbeiten und Anregungen
zur Urgeschichte

Texte zur Bibel 39

neukirchener

Zur 85. Bibelwoche 2023/2024
herausgegeben von der Arbeitsgemeinschaft Missionarische Dienst in der Evangelischen Kirche in Deutschland, der Deutschen Bibelgesellschaft und dem Katholischen Bibelwerk e.V., Stuttgart

Bibliografische Information der Deutschen Nationalbibliothek:
Die Deutsche Nationalbibliothek verzeichnet diese Publikation in der Deutschen Nationalbibliografie; detaillierte bibliografische Daten sind im Internet über http://dnb.d-nb.de abrufbar.

© 2023 Neukirchener Verlagsgesellschaft mbH, Neukirchen-Vluyn
Alle Rechte vorbehalten
Umschlaggestaltung: Grafikbüro Sonnhüter, www.sonnhueter.com,
unter Verwendung eines Bildes von Friederike Kirchner: Genesis 9,1-17.28f. – Schöpfung und Bund, Öl auf Leinwand, 2022, 40,5 x 32,5 cm
Lektorat: Ernst Neumann, Bonn
DTP: Breklumer Print-Service, www.breklumer-print-service.com
Verwendete Schriften: Clan, Swift
Gesamtherstellung: Pario Print, Krakau
Printed in Poland
ISBN 978-3-7615-6942-9

www.neukirchener-verlage.de

Inhalt

Zum Geleit

Das Maß aller Dinge — Die Bayern sind im Besitz des Maßes aller Dinge. Nein, gemeint ist nicht der FC Bayern München. Vielmehr lagert in der bayerischen Hauptstadt eine von 30 Kopien des Pariser Urmeters von 1889. Es ist der Maßstab, an dem sich alle Dinge ausrichten. Diese Funktion hat auch die biblische Urgeschichte. Die ersten elf Kapitel des Buches Genesis skizzieren in großen Linien, wie unsere Welt, der Mensch in seiner Gott-Ebenbildlichkeit und unsere Kultur entstanden sind. Sie stellen uns Gott als kreativen und faszinierenden Schöpfer allen Lebens vor, der am sechsten Schöpfungstag zufrieden sagt: Es war sehr gut. Sie erzählen aber auch, wie das Böse in unsere Herzen einzog und welche menschlichen Abgründe sich auftun können. Wir erfahren, was Gott unternahm, um noch einmal neu mit uns, seinen Geschöpfen, anzufangen, und wie nach der Sintflut eine neue Ordnung entstand. Es sind Erzählungen, die sich tief ins kollektive Gedächtnis der Menschheit einprägten.

Die Urgeschichte entfaltet elementare Zusammenhänge und die Bedeutung des menschlichen Daseins. Freilich ist es kein Augenzeugenbericht. Die ältesten Texte entstanden im 6. Jahrhundert vor Christus – das ist verhältnismäßig jung im Vergleich zu den 20.000 Jahre alten Felszeichnungen, die in der Kalahari gefunden wurden. Diese der Priesterschrift zugerechneten Textteile wurden später mit einer jahwistischen Quelle zu dem uneinheitlichen Text komponiert, der uns heute vorliegt.

Die Urgeschichte hat Ecken und Kanten, an denen wir uns reiben. Sie gibt uns ein paar hart zu knackende theologische Nüsse mit. Dazu zählt auch etwa Gen. 1,28. Luther übersetzte: „Macht Euch die Erde untertan und herrscht über (...) alles Getier." Moment mal, sollten wir nicht vielmehr die Sünde beherrschen als die Erde? Der Vers führt sogar mitten hinein in die ökologischen Kontroversen unserer Tage. Warum hat Gott den Menschen nicht an seine Verantwortung erinnert und ihm die Sorge um den Erhalt der Natur ins Herz gepflanzt? Wenn er sich unmissverständlicher ausgedrückt hätte, würde es dann den menschengemachten Klimawandel überhaupt geben? Trägt die biblische Überlieferung etwa eine Mitschuld für die maßlose Ausbeutung der irdischen Ressourcen?

Die „Texte zur Bibel" wollen theologisches Denken trainieren und zur Orientierung beitragen – in einer Zeit wachsender globaler Herausforderungen, die unsere Art zu wirtschaften und zu leben grundlegend hinterfragen. Die Sorge um die Zerbrechlichkeit der Schöpfung und um die Endlichkeit unserer Ressourcen bestimmen die Schlagzeilen. Italien, Spanien und Frankreich erleben in diesen Monaten Dürre und Wassermangel in bisher nie gekanntem Ausmaß. Bei uns gehen fast täglich junge Menschen, die sich um ihre Zukunft und die unseres Planeten sorgen, auf die Straße. Indem die Letzte Generation alle Räder stillstehen lässt, mahnt sie zu mehr Tempo beim Klimaschutz.

Als Christinnen und Christen darf uns das nicht kalt lassen, aber auch nicht unsere Gemüter erhitzen. Die „Texte zur Bibel" laden ein, die Welt mit den liebenden Augen des Schöpfers zu betrachten und sich besonnen für ihren Schutz einzusetzen.

Viel Freude beim Entdecken und miteinander ins Gespräch kommen!

Kerstin Offermann

Liebe Leserinnen und Leser,

wir freuen uns, dass Ihnen eine neue Ausgabe der Texte zur Bibel vorliegt und Sie sich mit uns auf eine äußerst wechselhafte Reise durch die „Urgeschichte" begeben. *Ur*-Geschichte verstehen wir nicht als die Geschichte vom Urzustand der Welt, als würden uns diese Texte Einblick in den zeitlichen und historischen Beginn von allem gewähren. So wurden sie oft verstanden und damit missverstanden. Sie wurden im Grunde zu einer Blaupause dafür gemacht, wie das Leben zu sein hat und bekamen damit eine Autorität zugewiesen, die uns heute den Zugang zu den Texten fast verbaut, weil wir nur noch die Zuweisung sehen, aber nicht mehr die Geschichten selbst.

Ur-Geschichte sind die Geschichten insofern, als sie von Grunderfahrungen menschlichen Lebens erzählen, von uns allen bekannten Konflikten, vom Staunen und Schrecken der Welt um uns herum und davon, dass Gott uns darin irgendwie begegnet. Wir hoffen, mit diesem Material ein bisschen dazu beitragen zu können, die Texte aus ihrer Zuschreibung zu befreien, um sie neu und für uns lebendig werden lassen zu können.

Besonders hinweisen möchte ich auf die YouTube-Videos, die wir zu den sieben Texten produziert und auf den YouTube Kanal von *midi* gestellt haben, damit Sie diese Kurzclips in Ihren Einheiten vor Ort unterhaltsam und gesprächsöffnend einsetzen können.

Herzlich bedanken möchte ich mich bei allen, die an diesem Material mitgewirkt haben. Bei der Künstlerin Frau Friederike Kirchner, bei der Exegetin Frau Prof. Dr. Michaela Bauks von der Universität Koblenz, bei den Autorinnen und Autoren dieses Bandes, die sich Ihnen in einem Autor*innenverzeichnis im Downloadbereich einzeln vorstellen, bei den Teilnehmenden der verschiedenen Workshops, beim Vertrauensrat der Arbeitsgemeinschaft Missionarischer Dienste (AMD), beim Team von midi, bei unserem Lektor Ernst Neumann und bei den Mitarbeiterinnen und Mitarbeitern des Neukirchener Verlags.

Wir wünschen Ihnen mit dem gesamten Material und mit der *Ur*-Geschichte eine geistreiche, tiefgründige und inspirierende Zeit.

Kerstin Offermann und Team

Einleitung

Wenige Texte der **Weltliteratur** haben eine solche Wirkung entfaltet wie die Geschichten aus Genesis 1-11. Ihre Bildwelt inspiriert bis heute unzählige Werke aus Kunst und Literatur. Selbst in der Werbung sprechen die Symbole der Schlange und des Apfels für sich und sind bis heute unmittelbar verständlich. Daher werden Sie beim Lesen dieser Arbeitshilfe auch immer wieder auf literarische Texte und Adaptionen stoßen, von denen wir hoffen, dass sie inspirierend sind.

Die Texte erzählen **Geschichten**. Sie sind Poesie. Sie sind mythologisch. Darum sind sie zentral für unser Selbstverständnis, nicht nur wegen ihrer Wirkungsgeschichte, sondern weil Geschichten zu erzählen elementar für uns Menschen ist. Sue Monk Kidd formuliert es in ihrem Roman *Die Bienenhüterin* so: „Augusta liebte es, Geschichten zu erzählen. ‚Und es ist für uns alle gut, sie erneut zu hören‘, sagte sie. ‚Geschichten müssen erzählt werden, denn sonst sterben sie, und wenn sie sterben, versinkt mit ihnen unsere Erinnerung daran, wer wir sind und warum wie hier sind‘“.

Diese Geschichten aus Genesis 1-11 wollen genau das: Uns erzählerisch zu einem tieferen Verständnis führen darüber, „wer wir sind und warum wir hier sind".

Sie verleiten dazu, sich mit den erzählten **Figuren** zu identifizieren, weil sie diese Figuren nur holzschnittartig zeichnen und so Raum für die Lesenden lassen. „Die biblischen Figuren haben kein Innenleben, das in den Erzählungen entfaltet wird; das ist immer schon aufgefallen. Es wird direkt erzählt, eine Aktion reiht sich an die andere. Dieser Stil zeichnet die Welt nur mit wenigen Strichen. So bleibt viel Platz für unsere Mitwirkung als Lesende; unsere Phantasie wird wachgerufen. In der Beschäftigung mit dem ersten Buch der Bibel können wir die rechte Lektürehaltung für die Bibel insgesamt einüben. Es geht um uns, die Lesenden selbst. Unser Leben wird in seinen grundlegenden Fragen bedacht: Es geht um Tod und Leben, um Liebe und Hass, um Schuld und Vergebung" (Georg Steins, Egbert Ballhorn: *Genesis in 73 Ouvertüren*).

Denn nicht nur über Identifikation und Fantasie knüpfen die Texte bei den Lesenden an, sondern auch über die **provokanten Fragen**, die sie stellen, statt fertige Antworten bereitzuhalten. Vielmehr kleiden sie die Fragen in Bilder und Geschichten. Daher bedeutet die Bekanntheit der Texte nicht, dass in diesen Texten nicht doch noch ganz erstaunliche Entdeckungen gemacht werden können, wenn man genauer hinschaut. Im Gegenteil! Die Texte sind bei näherer Betrachtung fast schon beklemmend widerständig und fremd, was angesichts ihrer Wirkungsgeschichte echt überrascht.

Jedes Problem ist eine Einladung, so formuliert es Avidan Freedman zu Genesis 1, in dem jüdischen Internetprojekt zu den 929 Kapiteln des Tanach (**https://www.929.org.il/**). Diese Verse rufen nach uns. Sie brauchen uns, damit durch uns beim Lesen die Bedeutung erst entsteht. Selbst die kleinste Unregelmäßigkeit fordert uns heraus, Fragen zu stellen. Darum müssen wir kritische Leser*innen sein, um diese Einladung nicht zu verpassen. Das kleinste Problem kann uns zu tiefen Fragen führen. Darauf zu vertrauen, dass es Antworten auf diese Fragen gibt, ist ein Schritt des Glaubens an die Torah selbst und an ihre Ausleger*innen. Es bedeutet darauf zu vertrauen, dass die Heiligkeit der Texte sich selbst in der Vielfalt der Auslegungen und Interpretationen ausdrückt und verständlich macht und auch darauf zu vertrauen, dass wir die Fähigkeit haben, diese Bedeutung für uns zu entdecken. (Im Original auf Englisch. Deutsche Übersetzung von der Autorin.)

Wegen der Offenheit der Texte können wir uns also darin wiederfinden. Aber dieser Vorgang ist nicht beliebig, sondern unsere darin gespiegelte Existenz wird **aus der Perspektive Gottes betrachtet**, die uns neu verortet.

Für die Geschichten aus Genesis 1-11 ist Gott nicht die Erklärung für die Existenz oder die Gesetzmäßigkeiten der Welt, wie sie ist, sondern der Widerspruch gegen die Welt, wie sie ist und der Zuspruch an die Welt, wie sie sein könnte. Gott wendet sich der Welt mit einem visionären Einblick zu (Gen 1), ist emotional und nah (Gen 2), suchend und begleitend (Gen 3), widerspricht händeringend (Gen 4), ist konfrontativ (Gen 6/8), segnend (Gen 9) und distanziert wahrnehmend (Gen 11).

Die Texte erzählen die Versuche einer Kontaktaufnahme zwischen Gott und Mensch. Und sie erzählen vom **Scheitern Gottes** am Menschen und von den **Neuanfängen Gottes** mit dem Menschen ... und erneutem Scheitern und erneuten Neuanfängen.

Wenn diese Bibelwoche also unter dem Titel: „**Und das ist erst der Anfang ...**" steht, dann nicht so sehr, weil sie von den Anfängen von Raum und Zeit berichtet, sondern weil sie von den immer wieder neuen Anfängen Gottes mit den Menschen erzählt. Auch wenn Genesis 11 scheinbar in einem Abbruch endet, so ist darin doch schon der neue Anfang mit Abraham und den Israelit*innen angelegt. In Jesus Christus binden Gottes Scheitern und Neuanfang

uns alle mit ein und nehmen so die weltweite Perspektive von Genesis 1-11 wieder auf. So beginnt Gott auch mit uns immer wieder neu, auch wenn ihm die Erfahrung des Scheiterns an den Menschen sehr vertraut ist. Daraus könnte Trost und Hoffnung entstehen in einer Zeit, in der auch die Kirchen vor einem Prozess des Loslassens stehen, in dem sie Menschen ziehen lassen müssen und das vielleicht auch als Scheitern erleben. Genesis 1-11 erzählen von Gottes Versuchen, Enttäuschungen, Entmutigungen und doch Neuanfängen – auch uns zum Trost und zur Motivation.

Sie finden in diesem Arbeitsbuch Exegesen zu den sieben Texten, die den historischen Rahmen aufzeigen, in dem die Texte zu verstehen sind, aber auch bereits den Bogen zu heutigen Fragen schlagen.

Die aktuelle Dimension der Texte wird dann in den Anregungen so entfaltet, dass sie für Leser*innen inspirierend und anschlussfähig ist und durch Praxisimpulse auch direkt die Umsetzung in der Gemeinde vor Augen hat.

Mit fertigen Bibelarbeiten und Meditationen zu den Bildern wird diese Praxisdimension noch verstärkt.

Im Arbeitsbuch finden Sie auch die Querverbindungen zur **Kinderbibelwoche** und zu **Jugendbibelwoche**, sowie zum **ökumenischen Bibelsonntag**.

Außerdem erwartet Sie umfangreiches Material im **Downloadbereich**. Mit dem Passwort: **2023Urgeschichte** öffnen sich Ihnen verschiedene Ordner mit Materialien zu den Texten. Neu sind dabei die Links zu den *YouTube-Videos,* die wir zu den Texten gestaltet und auf dem midi Kanal hochgeladen haben. Darüber hinaus finden Sie dort ein Dokument *„Just do it!",* mit Tipps und Ideen zu neuen Formaten der Beschäftigung mit der Bibel oder zum Starten solcher neuen Formate.

Besonders weisen wir in diesem Zusammenhang auch auf die *„Bibelwoche auf Abstand"* hin und auf einen Bericht über erfolgreiche online Bibelwochen. Außerdem finden Sie zu allen sieben Texten *Predigtimpulse* und *geistliche Kurzformate,* mithilfe derer Sie die Bibelwochen-Texte je nach den eigenen Bedürfnissen in Ihren Gemeindealltag integrieren können.

Downloadmaterial

Zugang zum Downloadmaterial

Das Downloadmaterial wird über die Website der Neukirchener Verlagsgesellschaft zur Verfügung gestellt: **http://neukirchener-verlage.de/bibelwoche**
Wenn Sie diese Adresse eintippen und aufrufen, gelangen Sie auf eine Seite, auf der Sie einen **Downloadlink** anklicken können, der das gesamte Zusatzmaterial in Form **einer einzelnen Datei** auf Ihr Gerät herunterlädt. Aufgrund der Größe der Datei kann der Download einige Zeit dauern – die Dauer hängt von der Bandbreite Ihrer Internetverbindung ab. Innerhalb dieser „Archiv-Datei" findet sich das von der DVD bekannte Ordnersystem wieder. Die Datei lässt sich ohne zusätzliche Programme von den üblichen Betriebssystemen öffnen und extrahieren. Das benötigte Passwort, um die Datei zu öffnen, ist unten vermerkt.
Eine genaue Anleitung zum Download und Extrahieren der Datei findet sich auf der Seite, die durch die obengenannte Adresse aufgerufen wird.

Passwort: **2023Urgeschichte**

Lied zur Bibelwoche

1. Der Cha - os schuf zu Men - schen - land der Men - schen
2. Das Buch, das je - den Na - men kennt, Ge - sich - ter,
3. Sein un - ver - gäng - lich Tes - ta - ment, dass Er uns

hier zu - sam - men - band. Er schrieb sein Wort___ ge - ge - ben
See - len, Men - schen kennt, die Lie - be so___ le - ben - dig,
auch im Tod noch kennt, die Ta - ge, die___ wir le - ben

zum Schutz für un - - ser Le - ben, Er schrieb uns frei mit eig - ner
die Lie - be so___ ver - gäng - lich, die Wehn, die nie zu En - de
auf Tod hin fest - - ge - schrie - ben, zum e - wig Le - ben hin - ge -

Hand___. Schrift, die Men - schen - ur - sprung schreibt.
gehn___. Schrift, die Men - schen - ta - ge schreibt.
lenkt___. Schrift, die Men - schen - zu - kunft schreibt.

Wort, das treu bleibt___.
Licht, das hell bleibt___.
Er, der treu bleibt___.

Text: Frans Doevelaar (OT: Huub Osterhuis), Melodie: Antoine Oomen. © Ekklesia Music Publishing, Small Stone Media Germany GmbH

Psalm 104 – Loblied auf den Schöpfer

[1] Preise den HERRN, meine Seele! / HERR, mein Gott, überaus groß bist du! Du bist mit Hoheit und Pracht bekleidet. [2] Du hüllst dich in Licht wie in einen Mantel, du spannst den Himmel aus gleich einem Zelt. [3] Du verankerst die Balken deiner Wohnung im Wasser. / Du nimmst dir die Wolken zum Wagen, du fährst einher auf den Flügeln des Windes. [4] Du machst die Winde zu deinen Boten, zu deinen Dienern Feuer und Flamme.
[5] Du hast die Erde auf Pfeiler gegründet, in alle Ewigkeit wird sie nicht wanken. [6] Einst hat die Urflut sie bedeckt wie ein Kleid, die Wasser standen über den Bergen. [7] Sie wichen vor deinem Drohen zurück, sie flohen vor der Stimme deines Donners. [8] Sie stiegen die Berge hinauf, sie flossen hinab in die Täler an den Ort, den du für sie bestimmt hast. [9] Eine Grenze hast du gesetzt, die dürfen sie nicht überschreiten, nie wieder sollen sie die Erde bedecken.
[10] Du lässt Quellen sprudeln in Bäche, sie eilen zwischen den Bergen dahin. [11] Sie tränken alle Tiere des Feldes, die Wildesel stillen ihren Durst. [12] Darüber wohnen die Vögel des Himmels, aus den Zweigen erklingt ihr Gesang. [13] Du tränkst die Berge aus deinen Kammern, von der Frucht deiner Werke wird die Erde satt. [14] Du lässt Gras wachsen für das Vieh und Pflanzen für den Ackerbau des Menschen, damit er Brot gewinnt von der Erde [15] und Wein, der das Herz des Menschen erfreut, damit er das Angesicht erglänzen lässt mit Öl und Brot das Herz des Menschen stärkt. [16] Die Bäume des HERRN trinken sich satt, die Zedern des Libanon, die er gepflanzt hat, [17] dort bauen die Vögel ihr Nest, auf den Zypressen nistet der Storch. [18] Die hohen Berge gehören dem Steinbock, dem Klippdachs bieten die Felsen Zuflucht. [19] Du machst den Mond zum Maß für die Zeiten, die Sonne weiß, wann sie untergeht. [20] Du sendest Finsternis und es wird Nacht, dann regen sich alle Tiere des Waldes. [21] Die jungen Löwen brüllen nach Beute, sie verlangen von Gott ihre Nahrung. [22] Strahlt die Sonne dann auf, so schleichen sie heim und lagern sich in ihren Verstecken. [23] Nun geht der Mensch hinaus an sein Tagwerk, an seine Arbeit bis zum Abend.
[24] Wie zahlreich sind deine Werke, HERR, / sie alle hast du mit Weisheit gemacht, die Erde ist voll von deinen Geschöpfen. [25] Da ist das Meer, so groß und weit, / darin ein Gewimmel, nicht zu zählen: kleine und große Tiere. [26] Dort ziehen die Schiffe dahin, der Levíatan, den du geformt, um mit ihm zu spielen. [27] Auf dich warten sie alle, dass du ihnen ihre Speise gibst zur rechten Zeit. [28] Gibst du ihnen, dann sammeln sie ein, öffnest du deine Hand, werden sie gesättigt mit Gutem. [29] Verbirgst du dein Angesicht, sind sie verstört, / nimmst du ihnen den Atem, so schwinden sie hin und kehren zurück zum Staub. [30] Du sendest deinen Geist aus: Sie werden erschaffen und du erneuerst das Angesicht der Erde. [31] Die Herrlichkeit des HERRN währe ewig, der HERR freue sich seiner Werke. [32] Er blickt herab auf die Erde und sie erbebt, er rührt die Berge an und sie rauchen.
[33] Ich will dem HERRN singen in meinem Leben, meinem Gott singen und spielen, solange ich da bin. [34] Möge ihm mein Dichten gefallen. Ich will mich freuen am HERRN. [35] Die Sünder sollen von der Erde verschwinden / und Frevler sollen nicht mehr da sein. Preise den HERRN, meine Seele! Halleluja!

Kinderbibelwoche – Einmal Himmel, Erde und zurück

Manfred Zoll

WaldKiBiWo, KinderstadtKiBiWo, Schulprojekt oder einfach: Kinderbibelwoche

Wie hoch ist eigentlich ein Turm, der bis zum Himmel reicht? Warum gibt es verschiedene Sprachen? Wie können Menschen sich besser verstehen?

Auf ihrer Reise durch spannende Fragen der Kinder erzählen Bibi Babbel und Tommy Türmer von Menschen, die einen Turm bis zum Himmel bauen wollten und sich – noch bevor ihr Werk fertiggestellt war – in alle Welt zerstreuten (Gen 11) und von den Menschen, die Gottes Geist auf die Straße schickt (Apg 2), damit alle Welt von Gottes Liebe erfährt.

Diese überraschende Kombination von Turmbaugeschichte und Pfingstwunder, von Sprachverwirrung und Glaubensverständigung, sorgt für große Spannung und witzige Momente. Die Geschichten werden als kleine Theaterstücke dargeboten, jeweils ergänzt durch kurze Abschnitte des Bibeltextes sowie interpretierende Kurzgeschichten. Die Erzählungen sind geleitet von einem elementaren und an den Bedürfnissen der Kinder orientierten Ansatz.

Das Programm ist angelegt als **Wald-Kinderbibelwoche**, in der die Inhalte der Geschichten aufgenommen und umgesetzt werden. Sie kann selbstverständlich auch als reguläre KiBiWo im Gemeindehaus etc. durchgeführt werden. **Ob Park, Wiese oder Wald: Mit Kindern draußen etwas erleben, kommt der Ursprungsgeschichte sehr nahe**. Egal für welches Programmkonzept man sich entscheidet, die Praxismappe bietet für alle Gelegenheiten zahlreiche Bausteine und eine große Ideenfülle. Dazu gibt es grundlegende Einführungen für die Bibeltexte als Mitarbeiterbildung, sowie Impulse zur Vertiefung in den Kleingruppen und ein eigens für diese Themenreihe komponiertes Lied.

Ergänzend werden Bausteine für eine Mini-KiBiWo mit Kindern von 3 bis 6 Jahren als Download angeboten. Link im Heft.

Weitere Infos und Bestellung: **www.kircheunterwegs.de**
Preis: 9,00 €, Staffelpreise ab 5 Exemplaren
Teaser-Material findet sich auch im Downloadbereich der ökumenischen Bibelwoche

Die Urgeschichte – Praxisentwürfe für Jugendliche

Sven Körber / Stephan Zeipelt

Praxisentwürfe für Jugendliche zur Ökumenischen Bibelwoche 2023/2024

Auch in diesem Jahr laden wir wieder Jugendliche und junge Erwachsene zur Ökumenischen Bibelwoche ein – mit einem Programm, das sie altersgerecht anspricht. In vier Praxisentwürfen bieten wir die Möglichkeit, sich mit einzelnen Geschichten und Themen der Urgeschichte zu beschäftigen. Parallel zu diesen Einheiten bieten wir ergänzendes Material an, das durch die ersten Seiten der Bibel führt. Dabei ist ein kleiner Pool von Ideen und Bausteinen herausgekommen, der selbstständig auf die eigenen Bedürfnisse vor Ort angepasst werden kann.

1. Adam und Eva
In 1. Mose/Genesis 2,4b – 3,24 lesen wir von Adam und Eva als den ersten beiden Menschen im Paradies. Beide leben aus und mit der Schöpfung Gottes bis sich in ihnen Misstrauen regt. Meint es Gott wirklich gut mit uns? In dieser Einheit schauen wir auf die gute Schöpfung Gottes und fragen zugleich, wie wir selbst Gott gegenüberstehen.

2. Kain und Abel
In 1. Mose/Genesis 4,1-16 lesen wir davon, wie Kain seinen Bruder Abel erschlägt. Voller Neid bringt er seinen Bruder um. In dieser Einheit fragen wir, wie wir selbst mit unseren Mitmenschen umgehen und was uns vor einem zornigen Miteinander schützen kann.

3. Noah und die Sinflut
In 1. Mose/Genesis 6,6 – 9,29 lesen wir von der Bosheit der Menschen und den schlimmen Folgen für die ganze Schöpfung. In dieser Einheit begegnen wir einer der dunkelsten Geschichten der Bibel und schauen, wie Gott dennoch einen Neuanfang wagt.

4. Der Turmbau zu Babel
In 1. Mose/Genesis 11,1-9 lesen wir von dem Wunsch der Menschen, ganz hoch hinauszuwollen und sich einen Namen zu machen. Das geht schief ... In dieser Einheit sprechen wir darüber, wie Gott auch durch allen Hochmut und alle Vermessenheit des Menschen hindurch an ihrer Seite bleibt und fragen nach unseren eigenen Wünschen und Plänen.

Wie sind die einzelnen Einheiten aufgebaut?

Jede Einheit ist ähnlich aufgebaut. Zuerst bietet eine Verlaufsskizze einen schnellen inhaltlichen Überblick. Neben einer Materialliste und Hinweisen zur Gestaltung gibt es noch eine kurze thematische Zusammenfassung.
Anschließend beginnt der eigentliche Praxisentwurf. Nach einem kurzen Rückblick auf die letzte Einheit wird mit einem **Türöffner** als Aufwärmaktion begonnen. Eine (spielerische) **Aktion** führt ins Thema ein. Ein kurzer Impuls fasst den Text(abschnitt) aus der Urgeschichte **In der Bibel** zusammen. Danach greifen die Teilnehmer selbst zur Bibel: **Lest die Bibel**. Von da aus können die Teilnehmenden eine Brücke ins eigene Leben schlagen: Werdet aktiv. Jede Einheit endet mit einer kreativen Gebetsidee: **Sprich mit Gott**. Für jede Einheit sollten ca. 90 Minuten eingeplant werden.

Das Material kann unterschiedlich genutzt werden. Zum Beispiel als Themenabendreihe im Jugendkreis, integriert in den Konfirmandenunterricht oder als Bibelarbeiten auf einer Freizeit. Wir freuen uns, wenn bei der Durchführung auch eigene Ideen einfließen.

Über Feedback, Anregungen und Kritik freuen wir uns.

Sven Körber, Stephan Zeipelt

Meditation zu den Bildern von Friederike Kirchner zur biblischen Urgeschichte

Johannes Beer

Zu vielen Erzählungen der biblischen Urgeschichte sind uns die Bilder sehr vertraut. Sie stehen vor unserem inneren Auge, sobald wir die Titel oder Stichworte der Texte hören. Wer kann denn wirklich von sich sagen, dass er oder sie kein Bild von Adam und Eva im Paradies oder beim Sündenfall, vom Turmbau zu Babel oder von der Arche hätte? Wir alle sind geprägt durch Kunstwerke und Bilderbibeln. Und diese inneren Bilder prägen unser Hören und Verstehen der Erzählungen.

Dementsprechend kennt Friederike Kirchner natürlich viele der traditionellen Bilder zu biblischen Erzählungen und Themen. Sie hat Kunst studiert und sich dabei auch mit der Kunstgeschichte befasst. Aber Friederike Kirchner hat sich frei gemacht von diesen Bildern. In ihrer intensiven künstlerischen Auseinandersetzung mit biblischen Themen und Texten hat sie zu einer eigenen Form- und Bildsprache gefunden. Diese kann man zum Beispiel bei ihren vielfältigen Arbeiten zu den Psalmen entdecken, die auf ihrer Webseite zu sehen sind.

So hat sich Friederike Kirchner auf diesem Hintergrund mit den Texten der Urgeschichte, die für die Bibelwoche ausgewählt wurden, beschäftigt. Sie hat sie meditiert und dann in ihrer eigenen Formensprache dazu die Bilder gestaltet. Dabei zitiert sie durchaus, wenn auch nur indirekt, aus der Bildtradition. Da taucht im achten Bild zum Beispiel das Osterlamm auf, oder es leuchtet im zweiten und achten Bild der Apfel in bekannter Manier am Baum der Erkenntnis. Manchmal spielt sie auch mit den Seherwartungen, wie beim Turmbau zu Babel, bei dem sie die gewohnte Perspektive von unten umdreht, sodass wir mit ihrem Bild von oben auf das Geschehen schauen. Oder beim ersten Bild, bei dem die Natur des Schöpfungsraumes nicht um Adam und Eva herum auf derselben Ebene angeordnet ist, sondern sich an der Grenze des Lebensraumes – zum Teil sogar kopfüber – entlangzieht.

Ein besonderes Augenmerk verdient das in mehreren Bildern wiederkehrende Gesicht Gottes. Hier bricht Friederike Kirchner offenbar ganz bewusst mit der ikonografischen Tradition, denn hier ist nicht das Gesicht eines bärtigen alten weißen Mannes ins Bild gesetzt. Gut, über die Hautfarbe kann man nicht wirklich etwas sagen, da Friederike Kirchner Gottes Gesicht wie auch die Menschen eigentlich nur mit Linien darstellt, aber bartlos ist dies Gesicht immer und es ist auch eher von weiblichen Zügen als von männlichen geprägt. Gerade bei dem ersten und dem vierten Bild scheint es mir, auch wenn ich das in der Meditation nicht erwähne, eindeutig zu sein. Gott, die uns wie eine Mutter ist, ist gerade in den Bildern zur Urgeschichte ein interessanter Ansatz.

Friederike Kirchner wurde im September 1974 in Frankfurt am Main geboren. Ab 1996 hat sie an der Hochschule für Bildende Künste in Dresden studiert, wo sie 2001 ihr Diplom gemacht hat. Ab 2001 war sie Meisterschülerin bei Professorin Ulrike Grossarth. Seit 2003 lebt und arbeitet sie als freischaffende Künstlerin in Berlin. 2007 gehörte sie zu den Gründungsmitgliedern der Künstlergruppe „WATASHI". Friederike Kirchner hat seit 1998 zahlreiche Ausstellungen im In- und Ausland, darunter auch etliche Ausstellungen in kirchlichen Räumen.
Mehr Informationen unter: www.friederikekirchner.de

Einleitung in die Urgeschichte: Narrative, kompositionelle und historische Aspekte

Michaela Bauks

Der literarische Kontext

Die Bibel beginnt mit dem Anfang der Welt, der sogenannten Urgeschichte (Gen 1–11). Die jüdische Tradition zitiert das gesamte Buch nach seinem ersten Wort *Berešît* „am Anfang", das in der griechischen Tradition den Titel Genesis „Entstehung" erhält. Und in der Tat, Anfang und Entstehung der vorfindlichen Welt sind gerade in den ersten elf Kapiteln des Ersten Buchs Mose zentral. Denn hier sind die Schöpfung der Welt, die Erschaffung von Tier und Mensch sowie die Ausdifferenzierung in Lebensformen, Völker und Kulturen thematisiert. Im Vergleich mit der Geschichtserzählung des auserwählten Volks Israel, die in Ex 1–14 mit dem Auszug aus Ägypten als göttlichem Rettungshandeln beginnt, oder den Erzelterngeschichten, die in Gen 12–50 von der Entstehung dieses Volks, den benachbarten Völkern (z.B. Ismael – arabische Stämme; Esau – Edom) und ihren Lebensräumen sowie der Ankunft in Ägypten handeln, prägt die Urgeschichte eine viel weltumspannendere Sicht. Der Gott Israels ist hier nicht nur als der Gott eines Volks, sondern als der Schöpfer der gesamten Welt und Menschheit vorgestellt. Er erhält dadurch einen universalen Anspruch, der weit über Israel hinausweist.

Ein theologisches Thema seit der assyrisch-babylonischen Zeit

So prominent es auch am Anfang der Bibel situiert ist, gehört das Thema Urgeschichte nicht zu den ältesten literarischen Traditionen. Vermutlich findet sich in den Erzeltern- und Exodus-Erzählungen weitaus älteres Material. **In der Urgeschichte begegnet den Leser*innen eine ganze Reihe von Parallelen und Hinweise auf Mesopotamien.** Das offensichtlichste Indiz bietet die Turmbau-Erzählung in Gen 11, deren Lokalisierung ausdrücklich in Babel (= Babylon) liegt. Dahinter verbirgt sich der Name der babylonischen Weltmacht, die seit 605 v. Chr. bis zu ihrem Niedergang 539 v. Chr. die Levante (das Gebiet des sog. „fruchtbaren Halbmonds", der von Syrien über Israel/Palästina bis nach Jordanien reicht) beherrschte. Der babylonische König Nebukadnezar II. war für die Zerstörung Jerusalems und des Tempels (587/6 v. Chr) sowie das Ende der davidischen Dynastie verantwortlich. Zeitlich waren den babylonischen Vasallenherren bereits die assyrischen Herrscher vorausgegangen. Spätestens ab 738 v. Chr. wurden König Menahem (Israel-Nordreich), andere Könige in Damaskus und den Küstenstädten, wie auch Ahas, König von Jerusalem-Juda, die Opfer von Eroberungszügen, die den Völkern großes Leid zufügten. Während die nördlichen Provinzen ab 732 v. Chr. allmählich dem assyrischen Reich einverleibt wurden, konnte König Hiskia 701 v. Chr. Jerusalem zwar verteidigen (2Kön 18,9-19,37), wurde aber seinerseits ein Vasall des assyrischen Reichs.

Für unseren Kontext ist bedeutsam, dass militärische Unterwerfung stets auch kulturelle Einflüsse mit sich bringt. So machen z.B. archäologische Funde aus dieser Zeit deutlich, wie sehr mesopotamische Kulturgüter die Region geprägt haben. Dieselbe Tendenz ist auch für die theologische und literarische Entwicklung des nach dem Untergang des Nordreichs Israel verbleibenden judäischen Reichs zu vermuten. Dafür spricht, dass sich zu den Themen Schöpfung und Flut sehr umfangreiche Epen in der mesopotamischen Keilschriftliteratur seit dem 3. Jahrtausend v. Chr. finden. Die Parallelen sind zwar manchmal vage, aber gerade in der biblischen Fluterzählung doch deutlich nachweisbar: Das Gilgamesch-Epos erzählt z. B., wie ein frommer Mann von dem Gott der Weisheit vor der Flut gewarnt wird, ein Schiff baut, um zu überleben, und wie eine Schwalbe, eine Taube und ein Rabe ihm das Ende der Flut anzeigen. Diese einschlägigen Motive finden auch in der biblischen Fluterzählung Verwendung (Gen 8,6-12 – ohne Schwalbe). Andere Motive sind indes verändert: Während der Flutheld Atrmḫasis Handwerker und damit technisches Wissen an Bord rettet, ist der biblische Noah von Tieren begleitet, die die Kontinuität des Lebens nach der Flut sichern. **Es geht also nicht darum, dass die biblischen Autoren mesopotamische Erzählungen einfach „abgeschrieben" hätten. – Die Stoffe sind gerade in ihrer theologischen Intention neu verwendet und transformiert worden**. Doch macht der Vergleich deutlich, dass sie nicht erst in Israel-Juda entstanden sind, sondern Anteil an dem kulturellen Erbe Mesopotamiens haben, das mit Hilfe mythischer Erzählungen die Verfasstheit der Menschen (conditio humana) erklären will.

> **Der Alttestamentler Hubert Irsigler schreibt über den Begriff „Mythos", dass dieser in der heutigen Alltagssprache und in den Medien sehr frei gebraucht werde und sich auf viele unterschiedliche Aspekte beziehen könne, angefangen von Götter- und Heldenerzählungen aus vorgeschichtlicher Zeit über einen Begriff für Berühmtheit, Prominenz, Ideale, Wunschbilder, bis hin zu politischen Erzählungen oder Ideologien. Der Begriff wird auch nicht selten auf aus Sicht des Anwendenden verfälschte, allgemein missverstandene oder einfach unwahre Sachverhalte angewendet. In der antiken Literatur haben Mythen jedoch eine andere Funktion, wie er weiter ausführt: „als traditionelle bedeutsame Erzählungen [...], die wie speicherbare und abrufbare „Programme" wirken, [beschreiben sie] seelisches Erleben, Verhalten und Wirklichkeitserfahrung von Menschen in einem Kulturkreis [...]".**

Wie das Gedankengut überliefert wurde und nach Jerusalem-Juda gekommen ist, ist nicht sicher zu erheben. Möglicherweise haben Exilierte der judäischen Bevölkerung, die ab 590 v. Chr. in Babylonien angesiedelt wurden (vgl. Ez 1,1-3), Kontakt mit dortigen Gelehrten und der theologischen Literatur Babyloniens gehabt und diese für den eigenen Gebrauch genutzt. Deutlich ist aber auch, dass bereits vorher, nämlich spätestens seit dem 8. Jh. v. Chr., ein reger Austausch mit den mesopotamischen Großmächten existierte, der Kulturimporte möglich und wahrscheinlich gemacht hat.

Die theologische Funktion der Urgeschichte

Welche Stellung kommt dem Thema der Urgeschichte für eine Theologie des Alten Testaments zu? Neben den Verheißungen an die Erzväter und -mütter in Gen 12–50 sowie der Erinnerung an die göttliche Rettung aus dem Frondienst Ägyptens und den Sinaibund (Ex 1–24) bildet die urgeschichtliche Verankerung den dritten tragenden Pfeiler für die religiöse Identitätsstiftung des Gottesvolks. Das kleine Volk Israel-Juda mit seiner so wechselhaften politischen Geschichte, das als Spielball der Mächte diesen häufig preisgegeben war, beansprucht durch die Situierung in der Zeit des Anfangs der Welt zu den ältesten Völkern zu gehören: Israel führt sich auf Adam, den ersten Menschen, zurück. Historisch betrachtet stimmt das im Vergleich mit den Hochkulturen Ägypten, Babylonien, Assyrien und anderen Völkern des Vorderen Orients nicht. Das Volk Israel hat sich nicht wie jene schon im 4./3. Jahrtausend geformt, sondern ist eine Gruppe, die Ende des 2. Jahrtausend erstmals belegt ist (Israel-Stele des Pharao Merenptah ca. 1208 v. Chr.). **Diesem also letztlich „jungen Volk" der Levante wird durch die urgeschichtlichen Erzählungen Anteil an der Zeit des Anfangs der Welt zugewiesen und – was vielleicht noch wichtiger ist – der von ihm verehrte Gott als Schöpfer und Herr der Welt vorgestellt.** Diesen Anspruch, den Ägypten oder Mesopotamien literarisch ebenfalls für sich beanspruchen, postuliert die Hebräische Bibel in Gen 1-2 für ihren Gott.

Die literarische Genese der Urgeschichte

Die Urgeschichte gehört vielleicht zu den bekanntesten alttestamentlichen Texten: Die Sieben-Tage-Schöpfung, die Garten-Eden-Erzählung mit dem sog. Sündenfall, Kain tötet seinen Bruder Abel, der Regenbogen am Ende der Flut und der Turmbau zu Babel zählen zu den Highlights der „westlichen" Literatur- und Kunstgeschichte. Ein Blick auf die Entstehung und Komposition der Texte in Gen 1–11 ergibt jedoch ein sehr komplexes Bild, das einerseits eine große Vielfalt an Texten (und Gattungen) und andererseits inhaltliche Doppelungen und Widersprüche erkennen lässt, die auf Parallelüberlieferungen und umfassende redaktionelle Überarbeitungsprozesse hindeuten. Die Erklärungsmodelle sind komplex und sehr umstritten hinsichtlich der Frage, ob die Urgeschichte ursprünglich unabhängig von den Folgetexten ab Gen 12 existiert hat. Gab es zwei parallele Erzählungen, eine priester[schrift]liche und eine nicht-priester[schrift]liche? Oder gab es eine Grundschicht (die sog. Priesterschrift), die später um Einzeltraditionen ergänzt worden ist, um insbesondere theologische Aspekte zu aktualisieren oder neu aufzuwerfen? Dieses genannte Modell liegt den vorliegenden Ausführungen zugrunde.

Die Bedeutung dieser Überlegungen möchte ich an einigen kurzen Beobachtungen illustrieren: So weist z. B. die Fluterzählung bezüglich der Angaben über die in der Arche befindlichen Tiere erstaunliche Widersprüche auf: Anders als in der paarweisen Listung von Flug- und Kriechtieren in Gen 6,19f wird in 7,2-3 zwischen jeweils sieben Paaren reiner und einem Paar unreiner Tiere unterschieden, während 7,8 von allen Tieren – d.h. den reinen und unreinen Tieren sowie den Flug- und Kriechtieren – nur jeweils zwei Tiere (männlich und weiblich) erwähnt, die in die Arche einziehen. Bedenkt man, dass in Gen 8,20 erzählt ist, dass Noah von allen reinen Tieren und Vögeln ein Exemplar opfert, macht die Differenzierung von Gen 7,2-3 durchaus Sinn. Denn sonst wäre nach dem Opfer der Bestand dieser Tiere in Frage gestellt. Auch die chronologischen Angaben wollen nicht recht zueinander passen, übersteigen doch die summarischen Angaben der 7- bzw. 40-Tage-Angaben den Ablauf eines Kalenderjahres, wie er in den Datierungen von 7,11 und 8,13-14 vorausgesetzt ist. Auch zahlreiche sprachliche Beobachtungen verweisen darauf, dass in Gen 1–11 Überlieferungen unterschiedlicher Herkunft versammelt sind. Seit langem hat man erkannt, dass die in einigen Textabschnitten sauber unterschiedene Verwendung des Gottesnamens – von JHWH (HERR) bzw. Elohim (Gott) – zwei Textblöcke erkennen lässt (s. Strukturskizze). Der sogenannten Priesterschrift (P) sind die Texte zugeschrieben, die den Gottesnamen Elohim bevorzugen. Die nicht-priesterschriftlichen Texte („Nicht-P"; ehemals „Jahwist") bieten indes überwiegend das Tetragramm JHWH. Auch die Fluterzählung umfasst mindestens zwei Traditionen, doch sind diese ineinander verwoben (s. o. die Widersprüche zu den Tierpaaren und zur Chronologie). Hier wechselt sich der Gottesname mitunter versweise ab und gibt darin einen Hinweis auf die ursprünglich unterschiedene Herkunft der Einzelverse. Eine Ausnahme bildet die Garten-Eden-Erzählung in Gen 2–3, denn hier sind beide Gottesbezeichnungen in Kombination verwendet. Diese Ausnahme lässt sich vermutlich als redaktionelle Harmonisierung erklären, die darauf zielt, die narrative und theologische Einheit der ersten (Gen 1,1-2,4a) und zweiten Schöpfungserzählung (Gen 2,4b-3,24) hervorzuheben.

Das Schema unten stellt die ursprünglich unterschiedliche Herkunft der Traditionen nochmals heraus, wobei die Texte der ersten Spalte bereits ursprünglich eine literarische Einheit bildeten, während die zweite Spalte Einzeltraditionen versammelt, die nicht den Anspruch einer zusammenhängenden Erzählung für sich beanspruchen. Sie komplettieren den priesterschriftlichen Erzählduktus, der in den Erzeltern- und Exodus-Erzählungen eine unmittelbare Fortsetzung findet. **Folglich hat es eine literarisch unabhängige und auf Gen 1-11 begrenzte „Urgeschichte" als eigenständigen Text nie gegeben**.

Die Komposition der Urgeschichte

„Priesterschrift" (P)		Nicht-P	
1,1–2,4a	Schöpfungsbericht		
		2,4b–3,24	Garten-Eden-Erzählung
		4	Kain und die Kainiten
5	Genealogie Adam-Noah		
		6,1-4	Die Heroen
		6,5-8	Prolog zum Sintflutbericht
6,9-22	P-Sintflutbericht		
		7–8*	Sintflutbericht
		8,20-22	Epilog zum Sintflutbericht
9,1-17.28f	Noahsegen und -bund		
		9,18-27	Die Verfluchung Kanaans
10*	Genealogie Völkertafel	10*	Genealogie Völkertafel
		11,1-9	Turmbau zu Babel
11,10-26	Genealogie Sem-Abraham		

Literarhistorische Beobachtungen und ihre theologischen Folgerungen

Neben der aus zwei Traditionssträngen kombinierten Fluterzählung fallen auch die beiden nebeneinanderstehenden Schöpfungstexte auf. Anders als die Fluterzählstücke, die mit Ausnahme einiger Varianten bezüglich des Endes der Flut (s. bes. Gen 9) dieselbe Thematik haben, unterscheiden sich die beiden Schöpfungstexte beträchtlich. Während das Zeitschema der sieben Tage in Gen 1,1-2,3 eine zentrale Rolle spielt, finden sich in Gen 2,4b-3,24 keinerlei zeitliche Angaben. Wenn Gen 1 von *heiliger Zeit* (Sabbat) handelt, thematisiert Gen 2-3 den *heiligen Raum* in der Vorstellung eines göttlichen Gartens und die Vertreibung des Menschen daraus. Den Übergang zwischen den beiden Erzählungen bildet ein kleiner, auf den ersten Blick unauffälliger Halbvers (Gen 2,4a: „Das ist die Genealogie [oder: Entstehungsgeschichte; Geschlechterfolge] von Himmel und Erde, als sie geschaffen wurden").

> „Genealogien im allgemeinen Sinn sind Notizen über die Abstammung einer Person oder Gruppe von einem Ahn oder mehreren Ahnen. Derartige Abstammungslisten schaffen und definieren Identität über Herkunft, überbrücken Zeit und Raum, legitimieren Ansprüche und Autorität, differenzieren durch Abtrennung und Zuordnung und geben Antworten auf Fragen nach Herkunft und Ursprung. Sie sind damit auch in der Heiligen Schrift kein trockenes Füllmaterial, sondern in der Regel tragendes Gerüst biblischer Erzählung und theologischer Botschaft."
>
> Thomas Hieke

Die Rede von einer „Genealogie" (Geschlechterfolge; hebr. *toledot*) irritiert in diesem Kontext. Einmal verbinden wir mit dem Begriff sonst Personen. Zum anderen wird in Gen 5,1 ein ganzes „Buch der Genealogien" eröffnet, das nicht nur die Urgeschichte, sondern das gesamte Buch Genesis gliedert. Dem geht die Formel in Gen 2,4a etwas unpassend voraus. Gewissermaßen steht der recht umfassenden Genealogie der Urahnen (Adam [Gen 5,1]; Noah [6,9]; Söhne Noahs Sem, Ham, Jafet [10,1; 32]; Sems [11,10]) und der Patriarchen (Terach mit Abram, Nahor, Haran [11,27], Ismael [25,12], Isaak [25,19], Esau [36,1.9], Jakob [37,2]) in Gen 1,1-2,3 die Genealogie von „Himmel und Erde" voran.

In Gen 2,4b-4,16, der Erzählung vom Garten Eden gefolgt von Kain und Abel, wird diese „Entstehungsgeschichte" in ganz anderer Form weitergeführt und problematisiert. Es geht nicht mehr um die Grundkategorien von Zeit, Raum und deren „Bewohnern", sondern um die menschlichen Bezugssysteme mit ihren Schwierigkeiten und Grenzen. Wenn Gen 1,31 die sehr gute Schöpfung konstatiert, geht es in Gen 3,1ff um einen folgenreichen Konflikt. Im Laufe dieser zweiten Erzählung hat sich die gute Ordnung ins Gegenteil verkehrt, so dass die Bedingungen des Menschseins den Erfahrungen in der Jetztwelt gleichen. Die Beziehung des Menschen zu Gott, des Menschen zum Tier, von Mann und Frau und von Bruder zu Bruder sind gefährdet und setzen die Geschöpfe Unsicherheit und Gewalt aus. Diese Lage erfährt in Gen 6,1-11,9 weitere Verschärfung. Am Ende der Fluterzählung wird der Fortbestand der Schöpfung zwar garantiert (8,21f; 9,1-17), doch bleibt die Existenz in den folgenden Erzählungen von Ambivalenz geprägt. So wird der positive Urzustand „am Anfang" im Rückblick der urgeschichtlichen Erzählung zu einer Utopie, die die Menschheit auf Gottes Schöpfermacht und Zusage hoffen lässt.

Kurzübersicht zur Ökumenischen Bibelwoche

Das Bibelwerk

Urgeschichte-Bibelwoche: Und das ist erst der Anfang …

Zentrale Fragen: Mensch, wer/wo bist du? Gott wer/wo bist du? Im begrenzten Lebensraum trotzdem erfüllt leben. Grenzen achten und nicht zerstören

---

1 | Gen 1,1-24a: Zeit und Raum
Festhalten an Erfahrungen, die gut sind, die sich lohnen bewahrt zu warden (kein Rückblick auf eine gute Zeit)
- Das Chaos ist nicht weg, nur strukturiert (Finsternis).
- Wie können wir mit einer bedrohten Welt umgehen?
- Gleichberechtigung männlich-weiblich.
- Kein deus ex machina (keine "Schöpfungsordnung")
- *TzimTzum*-Konzept: Gottes Macht liegt in seiner Einschänkung.
- Handlungs-Spielräume gg. Ohnmacht → Wege mit Gott beschreiten (er kennt den ganzen Weg)

2 | Gen 2,4b-3,24: Gut und Böse
Beziehungen zerbrechen und das Leben geht verändert weiter
- Geschichte einer Grenzüberschreitung (Pubertät).
- Vollständige Erkenntnis als Ur-Sehnsucht.
- Gottes Ebenbilder (Gen 1) werden nicht wie Gott!
- Eva als "Mutter alles Lebendigen" eröffnet Zukunft.
- Erfahrung der Nacktheit und zugleich des Schutzes.

Offb 22: Bäume des Lebens sind verfügbar!

---

3 | Gen 4,1-2.17-24;5,28-32;9,20-20: Fluch und Schutz
Kulturgeschichte, die nicht mit dem Totschlag endet
- Gott bleibt unverfügbar.
- Kult als Ersatz für direkten Kontakt.
- "Erkennen" → neues Leben und Kultur .
- Rache (7 x 77 mal) u. Vergebung (70 x 7 mal: Mt 18,22)
- Mit dem "Setzling" schafft Gott Neues.
- Enosch ist der neue Adam ("Reset").
- Mensch ist ein schöpferisches Wesen (Städte, Instrumente).
- Die Generationenfolge zeigt, dass die Lebensbeziehung weitergeht.
- Am Ende (4,26) steht die Überschrift.
- Befremdliche Deutung im NT: 1 Joh 3,12; Hebr 11,4 Kain als böse u. ungläubig; völlig gegen Gen 4!

4 | Gen 6,1-4: Fleisch und Geist
Wesentliche u. zeitliche Grenzüberschreitung Wie kann Leben gelingen?
- Schöne Menschentöchter (das "Gut" der Schöpfung)
- Lebenszeit begrenzt (nicht wie Gott sein).
- Erst Mose wird 120 (3 x 40) → gut so, erfüllt sterben.
- Fleisch (Mensch) und Geist (Gottes Potential).
- Keine Strafgeschichte, sondern Beschreibung einer ambivalenten Beziehung.
- Gen 2,5 Mensch ist sterblich – Henoch ist eine Ausnahme – geht 300 Jahre mit Gott (entrückt).

- 1. Henoch 6-9: Engel überschreiten die Grenze.
- Lernen von Kultur (Kosmetik, Waffen, Astrologie).
- Zerstörung der Erde (Auffressen, Gewalt).
- Strafgericht gegen die Wächter-Engel.
- Wiederherstellen der guten Schöpfung.

---

5 | Gen 6,5-8;7,1-10;8,20-22: Tod und Rettung
Wie gehen Gott und Mensch mit einer gebrochenen Schöpfung um?
- Leben ist immer gefährdet (Flut als Sinnbild)
- Das Chaos des Anfangs kommt zurück
- Gott "gedenkt" (zentrales biblisches Motiv) – wie ein "Kratzbild": das Bunte ist immer noch da!
- Gott korrigiert immer wieder seinen Zorn

6 | Gen 9,1-17.28: Bund und Leben
Neuanfang mit bleibenden Konstanten
- Beziehungsrichtung oben → unten (Gott-Mensch-Tier); vgl. Psalm 8 (wenig geringer als Gott).
- Mensch ist Gottes Ebenbild.
- Mensch gehört zu "allem Fleisch".
- Mensch verbreitet "Furcht und Zittern".
- Tiere sind ganz nah (bei euch, heute nicht mehr).
- Bogen: Kriegsbogen, den Gott weglegt?
- Bund mit "lebendigen Wesen" (Geist Gottes darin).
- Hoffnung: Gott will die Schöpfung nicht revidieren.

---

7 | Gen 11,1-10 Sprache und Verwirrung
Nur wo Gottes Name hochgehalten wird, kann Gottes Volk sich entwickeln
- Wieder eine versuchte Grenzenlosigkeit.
- Persiflage auf Babylon als totalitäres Weltreich.
- Die Stadt ist im Zentrum (Migdal = Teil der Stadt).
- Gegen "Gleichschaltung".
- Sich einen Namen machen (sein wollen wie Gott).
- Dgg. Gott heiligt seinen Namen, indem er die Zerstreuung beendet (Ez 36,23).
- Text ist nicht Ende, sondern Doppelpunkt: Gen 12

Bibelsonntag | Gen 1,26-31:
Schöpfung und Verantwortung

Bibelwochenpsalm: Psalm 104

Wolfgang Baur, 2023

1 | Zeit und Raum

1.1 Exegese

Michaela Bauks

Der erste Schöpfungstext in Gen 1,1–2,4a (= Gen 1) ist weniger eine Erzählung als ein gleichmäßig strukturierter „Bericht" in dem Sinne, dass er ein Ordnungskonzept für die Welt vorlegt, das formal und inhaltlich Wirkung zeigt. Berichthaft wirkt vor allem die sehr wiederholende und geradezu formelhafte Sprachform, die das Resultat, die Erschaffung der Welt, im Vergleich mit Gen 2–3 weniger erzählend als referierend zur Darstellung bringt. Diesem Ordnungswillen, der sich in der Rhetorik findet, entspricht auch das Konzept von Schöpfung als einer raum-zeitlichen Ordnung, in der jedes Geschöpf seinen Ort und seine Funktion findet. Der Aspekt der Zeit rahmt den Text (Gen 1,1-5; 2,1-3) und findet sich zudem im Mittelteil thematisiert (V. 14-18). Das Sieben-Tage-Schema gibt dem gesamten Text seine Struktur. Es folgen die verschiedenen räumlichen Lebensbereiche (Himmel – Erde – Wasser in V. 6-10) und ihre Ausstattung mit den jeweiligen Bewohnern (V. 10-13; 19-30), unter denen der Mensch in besonderer Weise hervortritt. Der siebte Tag als göttlicher Ruhetag am Schluss gibt dem Text seine besondere Note, die schöpfungstheologisch bis heute bedenkenswert ist (s. Bibelsonntag auf S. 131).

Der Text und seine Struktur

Betrachtet man die „erste Schöpfungserzählung" in Gen 1,1-2,4a (= Gen 1) fällt die geradezu hymnische Ausdrucksweise ins Auge. **Obwohl sie kein poetischer Text, sondern von einem sehr formalisierten Berichtstil geprägt ist, wirkt der Text wie ein Lobgesang auf den Schöpfer der Welt**, der alles in großer Umsicht und Mühelosigkeit geordnet und zu einer dem Menschen dienlichen Lebenswelt ausgebaut hat. Am Beginn steht die Erschaffung der Zeit, die sich in eine von Überschwemmung und Finsternis geprägte Situation hinein durch das göttlich herbeigerufene Licht zu strukturieren beginnt: „Gott sprach: Es werde Licht und es wurde Licht" (Gen 1,3). Die Initialzündung deutet sich in dem göttlichen Wind oder Geist bereits an – das hebräische Nomen kennt beide Bedeutungen –, der den Prozess aufschließt: Aus dem göttlichen Wort entsteht das Licht, das der Finsternis gegenübergestellt wird.

> „Der Begrif *rûaḥ*, Wind / Atem / Geist / Energie / Lebenskraft, ist in der Hebräischen Bibel ganz zentral, er wird sowohl in anthropologischer Hinsicht (auf den Menschen bezogen) wie auch theologisch (von Gott) gebraucht, um eine Kraft auszudrücken, die begrifflich schwer zu fassen ist. Mit dem deutschen Wort „Geist" ist nur ein kleiner Teil der biblischen Vorkommen gedeckt. Der Begriff ist äußerst schillernd und dogmatisch nicht festlegbar. Er kann auch für äußere Kräfte wie Wind und Sturm verwendet werden. Der Sinn ist dem jeweiligen Kontext zu entnehmen."
>
> Helen Schüngel-Straumann

So ist mit dem Tag-Nacht-Wechsel zugleich ein erstes wichtiges Strukturmerkmal der Weltordnung erreicht. Die gewonnene Struktur ermöglicht ein Zeitraster, das im siebten Tag seinen theologischen Höhepunkt findet, auf dem Weg dahin aber eine perfekt angeordnete Lebenswelt entstehen lässt, wie Gott es in einer Art Selbstlob resümiert (Gen 1,31). Auf die Grundkategorie der Zeit folgt die Ausbildung des Raums als zweites wichtiges Ordnungselement in der Lebenswelt: zuerst der obere und der untere Raum, dann das Trockene und das Meer, wobei die trockene Erde mit Pflanzungen und der Himmel mit Gestirnen versehen wird, denen wiederum die Rhythmisierung in Zeiten, Tage und Jahre zufällt. Darin ist die Abfolge des Tag-Nacht-Wechsels um den Jahreslauf ergänzt.

Weiterhin werden Himmel, Wasser und Erde gleichsam ausgestattet und bestückt. Die Bevölkerung der Erde bildet den Schluss und lässt darin eine erste Hierarchisierung erkennen: Unter den vielen genannten Geschöpfen und Lebewesen sticht der Mensch als Ebenbild Gottes in besonderer Weise hervor. Diese Bestimmung versetzt ihn in ein privilegiertes Verhältnis zu Gott, das in einer sehr umfassenden Beschreibung ausgeführt ist (V. 26-30 – s.u.). An letzter Stelle genannt, bildet die Erschaffung des Menschen einen ersten Höhepunkt innerhalb des Texts. Doch dabei bleibt es nicht. Denn zentrales Thema in Gen 1 ist die abschließende Schilderung vom Ruhen Gottes und der Heiligung des siebten Tags (Gen 2,1-3). Denn sie trägt eine weitere, an kultischen Fragen ausgerichtete Intention in den Text ein (s.u.).

Die Kompositionsskizze auf S. 20 lässt die Systematisierung des Texts erkennen, dem es um die zunächst unbelebte kosmische Ordnung, dann um die Lebensordnung und schließlich um die Kultordnung geht. Ob sich hinter Gen 1 ursprünglich ein eher naturkundliches Interesse verbirgt, wie man es mit der Inventarisierung einzelner Lebensbereiche in der mesopotamischen Listenwissenschaft oder bei den griechischen Vorsokratikern findet, oder eher um ein theologisches Programm, das auf die Vollständigkeit und Harmonie der Weltschöpfung zielt, um die absolute Vorrangstellung des Gottes Israels als Schöpfer zu bezeugen, wird vielfach diskutiert. **In jedem Fall ist das antike naturkundliche Wissen mit unserem naturwissenschaftlichen Weltbild nicht kompatibel, da sich der Wissensstand und daraus resultierend auch die zugrunde gelegten Fragen grundsätzlich unterscheiden**. Deshalb ist die Gegenüberstellung von Glauben und Wissenschaft bzw. von Offenbarung und Tatsachen, wie sie in kreationistischen Kreisen begegnen, wenig zielführend. Gen 1 ist ein theologischer Entwurf im Kontext eines altorientalisch fundierten Weltbildes – das dem christlich-aufgeklärten Weltbild des 21. Jahrhunderts keineswegs entspricht und dennoch Einsicht in die universellen Fragen der Menschheit zulässt (s. Kasten auf S. 18 im Einführungskapitel).

Besonders hervorzuheben ist im Kontext der gesamten Urgeschichte der sekundär ergänzte Vers in Gen 2,4a (s. Einführung): Dies ist die Geschichte der Entstehung [= Genealogie] von Himmel und Erde, als sie geschaffen wurden. Hier ist ein neues Konzept eingetragen, welches das System der menschlichen Geschlechterfolge auf die Kosmologie überträgt, ein im Alten Orient nicht unbekanntes Verfahren. Auch das babylonische Weltschöpfungsepos *Enuma eliš* Tafel I,1-14 (12. Jh. v.Chr.) setzt ein mit einer Genealogie von Götternamen, die zugleich Bereiche oder Substanzen der Lebensordnung verkörpern (z.B. Apsû – Süßwasser und Tiamat – Salzwasserozean). Die Genealogie steht der Geschichte eines Götterkampfes voran, der in die Erschaffung der Welt (aus der göttlichen Substanz Tiamats) und der Menschheit sowie der Stadtgründung Babylons mit ihrem Tempel für den umsichtig regierenden Hauptgott Marduk endet. Durch Gen 2,4a werden Gründung und Geschichte der Menschheit mit der Entstehung der Welt unmittelbar verzahnt.

Mit der Genealogie am Ende der Urgeschichte wird der gesamte Vorgang an die Geschichte Israels angebunden. Gen 2,4a nimmt zudem den Titel „Dies ist das Buch der Genealogien Adams" (Gen 5,1) vorweg und schafft somit eine Art Vorbau, in dem es um die Entstehung der Weltordnung als Voraussetzung aller Genealogien, der Erschaffung des Menschen und seiner Lebenswelt geht.

Strukturskizze zu Gen 1,1 – 2,4a

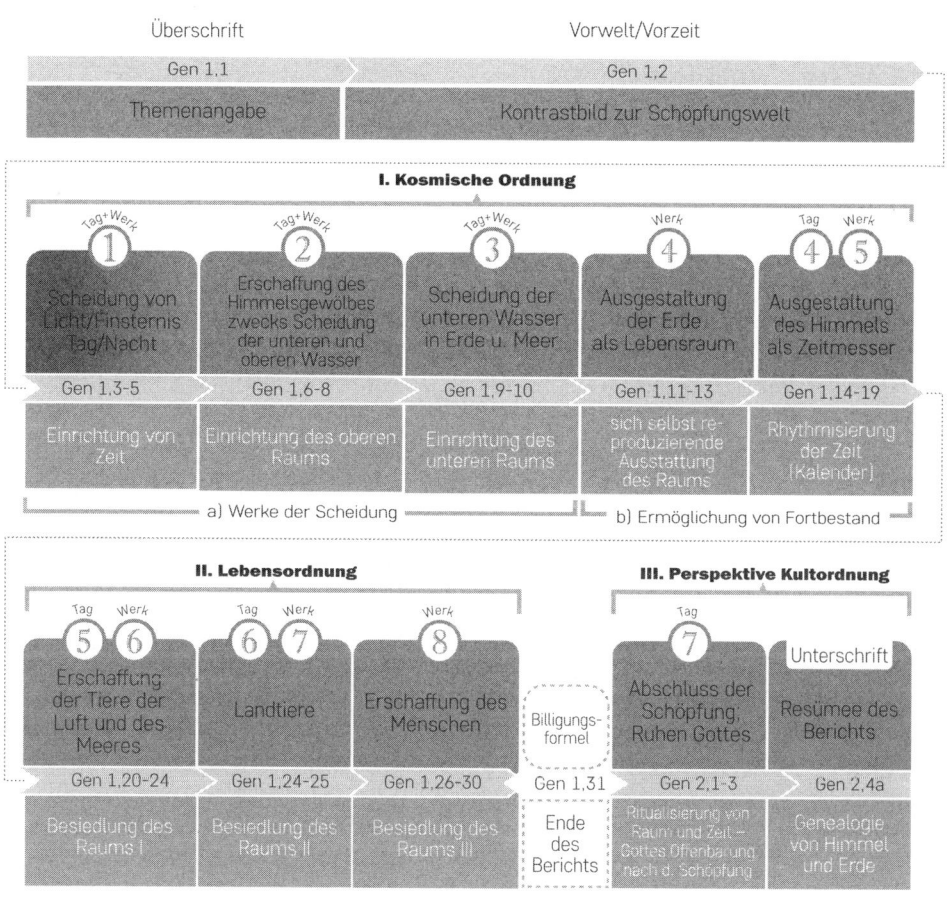

© M. Bauks

Theologische Themen

Der erste Schöpfungsbericht enthält zahlreiche theologische Aspekte, die diskussionswürdig wären, unter denen Gottebenbildlichkeit (Gen 1,26f) und Herrschaftsauftrag (Gen 1,28-30) sowie die Frage nach der Bedeutung vom göttlichen Ruhen am siebten Tag zentral sind. Diese Aspekte beziehen sich auf die Besonderheiten der göttlichen Schöpfung als Lebenshaus des Menschen.

Gottebenbildlichkeit

Die Rede von der Gottebenbildlichkeit des Menschen verleiht dem Schöpfungsvorgang durch seine sich wiederholenden und darin fast redundant wirkenden Formulierungen größte Feierlichkeit:

²⁶Und Gott sprach: Lasst uns Menschen machen als unser Bild, uns ähnlich. Und sie sollen herrschen über die Fische des Meers und über die Vögel des Himmels, über das Vieh und über die ganze Erde und über alle Kriechtiere, die sich auf der Erde regen. ²⁷Und Gott schuf den Menschen als sein Bild, als Bild Gottes schuf er ihn; als Mann und Frau schuf er sie.

Der Plural (Lasst uns...) erinnert zwar an nicht weiter aufgeführte Engel – oder wie im Alten Orient an weitere an der Schöpfung beteiligte Gottheiten –, bezieht sich aber in Gen 1 auf die sich weiter produzierenden Schöpfungsprozesse innerhalb der göttlich gesetzten Ordnung zurück (s. Gen 1,11-13 Erde). Der zukünftige Fortbestand der Schöpfung ist ein Gemeinschaftswerk, an dem der Mensch wichtigen Anteil hat, wie es die Rede von der Gottebenbildlichkeit in besonderer Weise betont.

Die hebräischen Begriffe *ṣælæm* (Bild) und *dəmût* (Ähnlichkeit) – EU übersetzt Gen 1,26 durch „ein Bild, das uns gleich sei" – **zielen nicht auf das Wesen oder Aussehen des Menschen, sondern auf seine Position innerhalb der Weltordnung.** Entsprechend der altorientalischen Königsideologie, in der der König die Präsenz Gottes auf Erden verkörpert, ist in Gen 1 der Mensch an sich ein *lebendes* Standbild, das die göttliche Ordnung repräsentiert, durchsetzt und sich für ihren fortwährenden Bestand einsetzt.

Diese Vision ist also in Gen 1 vom König auf den Menschen allgemein – und das in der Differenzierung in männlich und weiblich – übertragen. Seine Funktion in der Schöpfungsordnung besteht darin, als Stellvertreter Gottes zu herrschen und die ursprüngliche Ordnung zu bewahren. Das ist ein hoher Anspruch, der in der weitreichenden Formulierung im Herrschaftsauftrag fortgesetzt wird: ²⁸Seid fruchtbar und mehrt euch und füllt die Erde und macht sie untertan, und herrscht über die Fische des Meers und über die Vögel des Himmels und über alle Tiere, die sich auf der Erde regen.

Mit dem Fortpflanzungsauftrag, d.h. dem Auftrag zur eigenständigen Reproduktion, den bereits die für die Pflanzenwelt verantwortliche Erde (Gen 1,12) und die Tiere (1,22) erhielten, ist der Schöpfungsvorgang abgeschlossen, und die Lebensordnung auf die Zukunft hin ausgerichtet. Fortpflanzung ist der Motor der biblischen Urgeschichte: Die Genealogien (Gen 4,17-26; 5) zeigen das Gelingen an, das aber auch Grenzen aufweist, indem mit der Zahl der Menschen und anderer Lebewesen auch die Gewalt beträchtlich zunimmt und die auf den ersten Blick so perfekte Lebensordnung in Frage stellt (Gen 4,23-24; 6,1-4; 11-13).

Herrschaftsauftrag

Wie ein König die Grenzen seines Landes mitunter auch durch Kriege zu verteidigen hat, um sein Volk und damit auch die Verehrung seiner Götter zu schützen und Gerechtigkeit zu üben – die zentrale königliche Aufgabe –, so ist in Gen 1,26ff jeder Mensch aufgefordert, die Schöpfungsordnung zu bewahren. Diese Ordnung ist stark auf die Bedürfnisse des Menschen ausgerichtet (anders z.B. Hi 40,6ff). Die nachfolgenden Speise-Anordnungen zeigen, dass den Tieren lediglich das „grüne Kraut" (EU: alle Pflanzen, die Samen bringen) für die Ernährung bleibt (V. 30), während der Mensch über die gesamte Pflanzenwelt verfügen kann. Gewalt unter Lebewesen ist hier noch nicht im Blick. Erst Gen 9,1-4 sieht im Kontext von Gewalterfahrung die Revision des vegan organisierten Lebens vor, wobei selbst hier die Vormachtstellung des Menschen bleibt.

Diese Sicht vom „Menschen als Maß aller Dinge" ist uns heute suspekt, da wir sehen, wie sehr die Grundfesten der Erde im sogenannten „Anthropozän", der jetzigen geologischen Epoche, in der der Mensch den größten Einfluss auf Erde und Umwelt hat, erschüttert sind und wir (zurecht!) einen verantwortungsvollen Umgang mit der Schöpfung fordern, um den Lebensraum zu erhalten. Doch müssen wir diese Verse im Licht des 1. Jahrtausends v. Chr. beurteilen. Biblische Texte können die Tötung von Tieren mal glorifizieren (Ez 34,25-28; 1Sam 17,34-36) oder aber die Verschlechterung der Lebensbedingungen durch unsolidarische und gewaltvolle Lebensführung sogar als Grund für die totale Ausrottung der Schöpfung benennen (Gen 6,13). **Der antike Mensch lebte keineswegs im positiven Einklang mit der Schöpfung, sondern fühlte sich von ihr bedroht.** Der Schöpfungspsalm Ps 104,20-24 stellt die göttliche Ordnung in zeitlich getrennte Parallelwelten von Mensch und Raubtier dar und betont so die Schutzbedürftigkeit des Menschen vor den „wilden Tieren" durch Gott. Außerdem ist mit diesem Abschnitt und dem „sehr guten" Prädikat der Schöpfung (Gen 1,31) der Text noch nicht zu Ende. Es folgt der „siebte Tag" als Abschluss (*šbt*) des Schöpfungshandelns Gottes.

Der siebte Tag – ein Refugium

Einerseits könnte man den letzten Abschnitt (Gen 2,1-3) so verstehen, dass Gott – ähnlich dem griechischen Demiurgen bzw. „Gott der Philosophen" – sich aus dem Geschehen zurückzieht und die weitere „Geschichte" (im doppelten Sinne des Wortes) den menschlichen Entscheidungen überlässt. Doch zeigt die weitere biblische Erzählung, dass dies nicht der Fall ist: Gott greift in das Geschick seiner Geschöpfe und seines Volks immer wieder ein.

Bereits die Leser*innen seit dem 6. Jh. v.Chr. verstanden bei der Referenz des siebten Tages, dass dieser Tag kein beliebiger Tag ist. Dies ist darauf zurückzuführen, dass anstelle der Orientierung am Mondkalender in dieser Zeit in Israel die Wochenzählung aufkam. An die Stelle von bestimmten Feier- und Ruhetagen, die am Mondzyklus orientiert waren, trat der Sabbat als wöchentlicher Ruhetag.

> Corinna Körting, Professorin für Altes Testament und altorientalische Religionsgeschichte an der Universität Hamburg, stellt heraus, dass es einen sprachlichen Zusammenhang zwischen dem hebräischen *šabbāt* und dem akkadischen Begriff *šapattu* gibt, welcher sich auf den 15. Tag eines Monats bezieht, den babylonischen Vollmondtag, der besonderer kultischer Handlungen bedurfte. Die Bedeutungsverschiebung des Begriffs mit dem Konzept eines wöchentlichen Ruhetags kam erst in nachexilischer Zeit zustande. Sie weist auch darauf hin, dass das Wort entgegen mancher Vermutungen, nicht von dem Hebräischen Verb für „aufhören / zu Ende kommen" abgeleitet werden könne.

Zum anderen wurde dieser Tag nach der babylonischen Eroberung und der Zerstörung des Tempels (587/6 v. Chr.) zu einer Art symbolischem Tempel („ein Palast in der Zeit", so Abraham Heschel), der für die Begegnung des verheißenen Volks mit seinem Gott reserviert ist und ihm Gott zugänglich macht. An die Stelle des zerstörten Tempels als heiliger Kultraum in Jerusalem tritt somit die heilige Zeit des siebten Tags.

Wie aktiv der Gott Israels in die Geschichte hineinwirkt, berichten die anderen biblischen Traditionen wie z.B. die Erzeltern-Erzählungen der Genesis, das Buch Exodus wie auch Deutero-Jesaja. Diese Texte zeigen deutlich an, dass Gott weiterhin an seinem Volk handelt und im Gegenzug das Volk gefordert ist, treu und loyal zu seinem Gott zu sein. Letztlich dienen die gesamte Tora (5 Bücher Mose) mit ihren Gesetzen darin das Buch Deuteronomium als dessen Zusammenfassung, als Weisung für die Umsetzung von Solidarität und Gerechtigkeit, damit das Zusammenleben des Volks vor Gott gelingen kann. **Die Sabbatgebote in den beiden Dekalogfassungen (Ex 20,8; Dtn 5,14) unterscheiden sich zwar im Wortlaut,** da nur Ex 20,8 auf die Sieben-Tage-Schöpfung zurückverweist; doch **beide Fassungen deuten das Sabbatgebot dahingehend, dass der siebte Tag ein Innehalten der gesamten Schöpfung bedeutet und ihr darin ein Auftanken, einen Neubeginn ermöglicht, der frei ist von Aktion, Profit etc. Sabbat ist mehr als ein Gedenktag an Gott („Gottesdienst").** Folglich ist die Möglichkeit eines generellen Innehaltens der Kreatur in Gen 1 auf den universal wirkenden Gott (Elohim) zurückgeführt, der Himmel und Erde gemacht hat.

Insofern ist die hymnische Grundaussage von Gen 1, auch wenn sie mehr eine Utopie als einen realen Urzustand beschreibt, die zündende Botschaft dieses Texts. Denn dieser Gott hat für die ganze Kreatur eine gute Lebensordnung geschaffen, was für die Zukunft aller Menschen hoffen lässt.

Nun ist es gerade diese Vision von dem „geglückten Leben vor Gott", die den Unterschied zwischen den antiken Menschen und unserer säkularen Welt macht: Gen 1 gründet nämlich fest in der Annahme, dass ein Leben ohne Gott nicht möglich ist und nicht gelingen kann. Der Mensch kann den Schöpfer gar nicht ersetzen, sondern nur vertreten, indem er versucht, in der von Gott gesetzten Ordnung gerecht und solidarisch zu agieren und zudem seine Hoffnung in Gott setzt, dass dieser die Entscheidungen begleite und mittrage. Diesen Aspekt dürfen wir heute nicht vergessen, wenn wir Kampagnen zur Bewahrung von Schöpfung ausrufen in einer Welt, die den Bezug auf die göttliche bzw. transzendente Seite der Dinge, die sich den Menschen entzieht, außer Acht lässt oder sogar bewusst ausschließt. Es gilt, sich in Demut zu erinnern, dass wir die Schöpfung nicht allein erhalten können, sie aber zugleich auch nicht preisgeben dürfen. Wir sind vor Gott zu verantwortlichem Handeln aufgerufen, nicht nur in der großen Politik auch in den kleinen Bezügen unseres privaten Lebens, um das Lebenshaus der Menschen zu erhalten – so lautet der Kern der Botschaft von Gen 1 (s. zum ganzen Thema 7: Schöpfung als Ermöglichung zum Leben auf S. 115).

1.2 Der Text heute – Themen und Bausteine

Kerstin Offermann

Alles ist gut – ist das wahr?

Wie kaum eine Generation vor uns haben wir die Verantwortung für unsere Umwelt ständig vor Augen, sowohl in Form eines akuten Handlungsbedarfs als auch in apokalyptischen Szenarien, wenn wir nichts unternehmen. Wir sind verantwortlich und zugleich ohnmächtig, gefangen in Strukturen, die weit über unsere Einflussmöglichkeiten hinausgehen.

Der Schöpfungstext aus Genesis 1 spricht in diese Spannung hinein, in der wir uns erleben. Aber um diese Aktualität des Textes zu entdecken, müssen ein paar **Missverständnisse** angesehen werden, die nahezu sofort auftauchen, sobald von den Schöpfungstexten der Bibel die Rede ist. Denn der Text, oder vielmehr eine Mischung aus beiden biblischen Schöpfungserzählungen, hat eine Wirkungsgeschichte, die tief in unserer Kultur und in unserem Denken verwurzelt ist.

 Was fällt den TN zum Schöpfungsbericht (bzw. zu beiden, wahrscheinlich geht das etwas durcheinander!) ein? Welche Bilder haben sie im Kopf?

Zunächst einmal ist da die Sache mit den sieben Tagen, die den Text unglaubwürdig erscheinen lassen, sobald man ihn als Bericht über die faktischen Geschehnisse zu Beginn von Raum und Zeit verstehen möchte, also naturwissenschaftlich interpretiert. Wenn das die Aussageabsicht des Textes ist, dann können wir ihn getrost ad acta legen. So thematisiert Luke Arnold in *Der letzte Held von Sunder City* in Kapitel 5 den Konflikt zwischen Mythos und Bericht: „Die Hum-Brüder predigten, dass die Welt von der Stimme des Mondes in die Wirklichkeit gesungen worden war. Es war ein komplexes und durchaus attraktives Glaubenssystem, das nur ein winziges Problem hatte: Es lag falsch. Wir wissen das jetzt. (...) Ich schätze, es ist nett zu wissen, welcher Schöpfungsmythos der richtige ist – aber welchen Preis haben wir für dieses Wissen bezahlt! Die eine wahre Legende ist tot, und der Glaube an jede andere Idee erscheint närrisch. Der Glaube hat uns verlassen. Die Götter sind fort."

Eine solche Lesart nährt die Vorstellung, dass es „am Anfang", also **früher** eine heile Welt gab, einen idealen Zustand, den wir verloren haben, dem wir uns aber wieder annähern könnten, wenn wir uns bemühen würden. Diese Vorstellung einer „natürlichen" heilen Welt gibt es auch in der ökologischen Bewegung, die das Bild einer intakten Natur vor Augen stellt, bevor der Mensch eingegriffen und sie verändert hat. Diesen früheren idealen Zustand hat es so aber nicht gegeben. Das Bild davon ist eine Rückprojektion heutiger Sehnsucht und eher lähmend für die Bewältigung der aktuellen Herausforderungen. Ein solches Bild zu zeichnen ist auch nicht die Aussageabsicht von Genesis 1. Trotzdem ist es gut, sich bewusst zu machen, dass solche Sehnsuchtsbilder zu uns gehören und unser Lesen und Verstehen beeinflussen.

Wenn also eine Erklärung darüber „wie alles begonnen hat" die Motivation ist, mit der wir diesen Text lesen, dann laufen wir Gefahr, das eigentlich Zentrale und auch für uns Wichtige an diesem Text zu überlesen und uns von einer Quelle abzuschneiden, die wir dringend brauchen angesichts der Herausforderungen, denen wir gegenüberstehen.

Es ist damit zu rechnen, dass die Frage nach dem Verhältnis des Texts zu wissenschaftlichen Erklärungen für die Entstehung der Erde auftauchen wird. Gut zusammengefasste Antworten auf diese Frage finden Sie in der Zeitschrift *Bibel heute* Ausgabe 188 (4/2011). Zwei interessante Artikel aus dem Heft finden Sie auch im Downloadbereich.

Was also ist der Gewinn, wenn wir den Text von dem Missverständnis befreien, er wolle uns naturwissenschaftlich erklären, wie die Welt entstanden ist? Ohne diesen Gedanken öffnet sich der Blick darauf, dass uns der Text etwas über die Tiefenstruktur unseres Daseins erzählt. Dass unsere Welt von Gott geschaffen ist, sagt also nicht so sehr etwas darüber aus, wo sie herkommt, als vielmehr darüber, welche **Qualität** sie hat. Sie ist gewollt, liebevoll gestaltet, in allen Spannungen gehalten, mit bewussten Grenzen versehen und auf Zukunft ausgerichtet.

 Schreiben Sie die Worte „Gott, der Schöpfer" / "Gott, die Schöpferin" auf eine Flipchart. Bitten Sie die TN, dazuzuschreiben, was diese Worte für sie bedeuten. (vgl. Bild „Gott, die Schöpferin" im Downloadbereich)

 Die Schöpfung ist ein **Geschenk Gottes** an uns – ein liebevolles, selbstgebasteltes Geschenk. Ändert dieser Blickwinkel etwas an unserem Umgang mit der Schöpfung? Mit einem Geschenk, von jemandem, den man gerne hat, geht man sorgfältig um, man bewahrt es und schätzt es, weit über seine Nützlichkeit hinaus.

Schönheit wahrnehmen lernen

Der Text bietet uns zwei Wertungen der Welt an, in der wir leben. Sie ist bedroht (durch die Chaosmächte) und sie ist „sehr gut" (in Gottes Wahrnehmung). Selbst wenn die Welt, wie wir sie erfahren, bedroht und gefährdet ist, ist sie doch in aller Zerbrechlichkeit „sehr gut"! Der Text fordert uns dazu heraus, diese **Schönheit** wahrzunehmen. Wir sind dazu berufen und herausgefordert, hinzusehen – so wie Gott hinsieht. Und die Schönheit zu entdecken. Und dazu, Schönheit zu schaffen, Kreativität aus dem Chaos zu gewinnen und uns dem Chaos entgegenstellen.

Schönheit in der Zerbrechlichkeit zu entdecken ist eine echte Herausforderung und „Arbeit". So schreibt Cole Arthur Riley in ihrem bemerkenswerten Buch *This Here Flesh:* „To be a human who resembles the divine is to become responsible for the beautiful, for its observance, its protection and its creation. It is a challenge to believe that this right is ours" – Ein Mensch zu sein, der dem Heiligen ähnelt, bedeutet, für das Schöne verantwortlich zu sein, es wahrzunehmen, es zu bewahren und es zu erschaffen. Es ist eine Herausforderung an uns, daran zu glauben, dass wir dieses Recht haben.

Unser Blick dafür, was „schön" ist, ist durch mediale Einwirkung und Konvention bestimmt und verschleiert. Die Schönheit in der Vergänglichkeit zu entdecken, setzt ein Umdenken voraus, dass dem Unscheinbaren und Verletzten den Wert zuspricht, der ihm und ihr in Gottes Augen zukommt. Thea Dorn schreibt in Ihrem Buch: „Trost" auf Seite 159: „Was wir brauchen ist ein Aufstand. Ein Aufstand der Schönheitstrunkenen, Würdesüchtigen, Lebensverliebten. Ein Aufstand gegen die Technokratie. Gegen eine Thanatophobie." Wie gewinnen wir einen solchen weiten und leidenschaftlichen Blick für die Schönheit, der den Chaosmächten der Zerstörung und des Todes mutig entgegentritt?

Die japanische Kunstform „Kintsugi" macht aus Scherben Kunstwerke, indem sie die Scherben mit Goldleim zu neuen Objekten zusammenfügt. Legen Sie ein intaktes Gefäß, ein in Scherben zerbrochenes Gefäß und ein so mit Goldleim neu zusammengefügtes Gefäß in die Mitte. Vielleicht haben Sie in Ihrer Gemeinde Menschen, die so etwas gerne gestalten und es für die Bibelwoche schaffen würden, oder, wenn Sie ganz mutig sind, versuchen Sie mit den TN der Bibelwoche selbst ein Kitsugi-Objekt herzustellen. Am einfachsten, wenn auch nicht ganz dem Original entsprechend, ist es, wenn man die Scherben zunächst mit Sekundenkleber klebt und dann die Klebeflächen mit einem Goldlackstift (Edding) nachzeichnet. Bitten Sie die TN darüber ins Gespräch zu kommen, was sie sehen, was sie schön finden, welchen Wert die verschiedenen Dinge für sie haben. Wenn sie selbst ein Objekt gestalten, wird dieses Objekt für sie natürlich eine ganz besondere Bedeutung haben.

Der Text betont, dass die Schönheit der Schöpfung in ihrer **Vielfalt** begründet ist. Vor allem die Vielfalt der Pflanzen und Tiere wird plastisch beschrieben. Hier könnte man gut mit Fotos arbeiten, die diese Vielfalt plastisch darstellen – dabei wäre es aber gut darauf zu achten, dass auch die Fotos von Menschen eine große Vielfalt darstellen: Gerade in der gegenwärtigen Diskussion über Eurozentrismus und auch über die Integration von vielfältigen Lebensformen würde es sich anbieten, Bilder von Menschen von verschiedenen Kontinenten auszuwählen, Bilder von Menschen allen Alters, so wie auch Bilder von Menschen aus der queeren Szene und Menschen mit Beeinträchtigung dabeizuhaben. Die Bilder spiegeln die Vielfalt der Schöpfung. Bitten sie die TN sich dazu zu äußern, welche Bilder sie überraschen, welche sie nicht ausgesucht hätten, welche ihnen gut gefallen.

Der Aspekt der Schönheit in der Vielfalt kommt besonders gut in der neuen vielfaltsensiblen Kinderbibel „Alle Kinder Bibel" heraus. Der Satz „Und alle waren verschieden. Und alle waren besonders" begleiten und kommentieren die fröhlichen Bilder der vielfältigen guten Schöpfungen Gottes, die dazu auch noch von Worten in verschiedenen Sprachen und Schriften begleitet werden. (Alle Kinder Bibel, Andrea Karimé, Anna Lisicki-Hehn, Neukirchener Verlag) Bei **www.editionahoi.de** kann man eine Klappkarte erwerben, auf der die Jahreslosung 2023 mit dem Spruch: „Ich sehe was, was du nicht siehst und das ist bunt. Gott" kombiniert wird. Diese Karte passt hervorragend zu der Diskussion darüber, wie bunt die Welt ist, die wir sehen oder an die wir denken.

 Eine wunderschöne Zusammenstellung von Schönheit und Verletzlichkeit der Schöpfung mit dem Text aus Genesis 1 ist die Lesung des Textes aus dem Weltraum durch die Astronauten von Apollo 8, am Heiligen Abend 1968, unter: **https://kurzelinks.de/yf3i**

Bewahrung der Schöpfung

Das aus Genesis 1 ein sogenannter „Herrschaftsauftrag" abgeleitet wurde, ist ein weiteres Missverständnis, wie es ja auch die Exegese zum Text deutlich herausstellt. Vielmehr ist unser Auftrag, das zu bewahren, was Gott geschaffen hat. Dieser Auftrag ist die große Herausforderung und Aufgabe an uns Menschen weltweit.

Mit der Erschaffung der Menschen und ihrer Beauftragung, für die Mitschöpfung zu sorgen, geht Gott ein Risiko ein. Das bedeutet: Gott glaubt an uns Menschen. Gott vertraut uns Menschen. Gott traut uns etwas zu. In diesem Text geht es also nicht so sehr darum, was wir glauben, sondern, dass Gott an uns glaubt!

Zum Thema **„Leben inmitten des Klimawandels"** finden Sie im Downloadbereich einen Entwurf zum Kontextuellen Bibellesen.

Auch der **Ökumenische Bibelsonntag** zur Urgeschichte legt den Schwerpunkt auf die Schöpfungsverantwortung. Die Bewahrung der Schöpfung ist zugleich Segen und Auftrag, im Sinne eines Gebetsrufs: Gott, segne, was wir in deinem Auftrag bewahren. Das Material dazu finden Sie im Downloadbereich.

Die ACK bietet Material zu einem jährlich stattfindenden **Ökumenischen Tag der Schöpfung**. 2023 wird er am 1. September gefeiert. Material und Information unter: **https://kurzelinks. de/dpge**. Das Beste aus 10 Jahren „Ökumenischer Tag der Schöpfung" ist in dem Buch *Verantwortung für die Schöpfung* zu entdecken, das von der ACK herausgegeben wird. (vgl. Rezension im Downloadbereich)

In dem oben zitierten Roman *Der letzte Held von Sunder City* beschreibt Luke Arnold etwas davon, wie der Auftrag, die Mitschöpfung zu bewahren zu einer Berufung gerade auch angesichts von Dunkelheit und Bedrohung werden kann: „Die Hum-Brüder begannen einige Wochen nach der Dunkelheit damit, aus der Straßenbahn Armenspeisungen anzubieten. Statt ihre Berufung einfach aufzugeben, verdoppelten sie ihre Anstrengungen und widmeten ihr Leben der Hilfe für die Ärmsten der Stadt. In meinem kurzen Leben habe ich oft gesehen, wie Leute ihr Verlangen nach schrecklichen Taten hinter einer angeblich höheren Berufung verbergen. Es ist nicht schwierig, einen Glauben zu finden, der die eigenen selbstsüchtigen Wünsche unterstützt. Meine große Überraschung war, festzustellen, dass es auch andersherum funktioniert. Diese Brüder mit den gebrochenen Flügeln, ganz ohne ihre Geschichte, hatten einfach wirklich ehrbare Herzen."

Was bedroht uns? Welche Hoffnungsperspektive gibt es?

→ Unser Dasein ist gefährdet und bedroht. Der Text wählt dafür die eindrücklichen Bilder von Chaos und Finsternis. Wer also wird gewinnen? Wird die Welt wieder im Chaos versinken? Ist das unsere Zukunftsperspektive? Oder hat das Leben eine Chance, weil die göttliche Lebenskraft sich den lebensbedrohlichen Kräften entgegenstellt? Gottes Wort weist das Chaos in seine Schranken! Daraus entsteht eine Hoffnungsperspektive, die Grenzerfahrungen des Lebens aushalten kann.

Dazu finden Sie im Downloadmaterial den Bible Art Journaling „Licht", der kreativ-bildlich diese Fragestellung kommentiert und so als Gesprächsanregung dient, indem die TN nicht nur hören, sondern auch sehen und sich dazu nicht nur intellektuell, sondern auch emotional verhalten können.

Mensch als Ebenbild Gottes

Cole Arthur Riley schreibt *„When I first heard all humans were created in the image of God, I pictured God with a million eyes and a million noses and a million mouths. It was horrifying. What did this mean, all humans? If God walked in the garden of Eden, whose two legs did he walk with? Did they look like mine, with knees black and ashy?* Als ich zum ersten Mal davon hörte, dass alle Menschen nach dem Bilde Gottes geschaffen sind, stellte ich mir Gott mit einer Million Augen, einer Million

Nasen und einer Million Mündern vor. Das war schrecklich! Was ist mit „alle Menschen" gemeint? Wenn Gott im Garten Eden spazieren ging, auf was für Beinen ging er? Sahen sie aus, wie meine Beine, mit schwarzen und aschefarbenen Knien?

Sie beschreibt, wie sie zu der Überzeugung kam, dass der Ebenbildcharakter nicht jedem Menschen rein individuell zukommt, sondern die Gesamtheit der Menschen. Sie schreibt: *"I quite like this, because it means we need a diversity of people to reflect God more fully. Anything less and the image becomes pixelated and grainy, still beautiful but lacking clarity."* Ich mag diesen Gedanken sehr, weil er bedeutet, dass wir die Vielfalt aller Menschen brauchen, um Gott widerzuspiegeln. Wenn wir etwas oder jemanden davon ausschließen, wird das Bild unscharf und körnig, immer noch schön, aber nicht mehr so klar.

Die Vielfalt oder Diversität aller Menschen als das Ebenbild Gottes zu sehen, bedeutet auch, niemanden davon auszuschließen, weil sie oder er nicht so ist wie ich bin. Es bedeutet, dass sowohl Frauen als auch Männer, sowohl Kinder als auch Greise, sowohl Kranke als auch Gesunde Gott widerspiegeln. Riley folgert daraus, dass Gottes Ebenbild zu sein nicht primär mit unserem Tun zusammenhängt. Denn dann würden wir all jenen den Ebenbildcharakter verwehren, die nicht mehr in der Lage sind, etwas zu schaffen oder zu leisten. Ebenbild Gottes zu sein, gehört aber untrennbar zum Menschen. Es ist die Würde des Menschen. Sie kann sich sicherlich auch in unserem Tun zeigen, aber vor allem zeigt sie sich in unserem Sein. In unseren Gefühlen, in unseren Tränen, in unseren Körpern, die sich ausruhen, in unseren Wunden, die heilen. Sie schreibt: „I try to remember that Eve and Adam bore the image of God before they did anything at all. This is very mysterious to me, and it must be protected." Ich versuche mich daran zu erinnern, dass Eva und Adam das Ebenbild Gottes wurden, bevor sie irgendetwas geleistet haben. Das ist sehr geheimnisvoll für mich und das muss bewahrt werden.

Dass der Mensch Ebenbild sowohl als Frau und als auch als Mann ist, wurde oft nicht im Sinne der Adelung aller Menschen verstanden, auch wenn es natürlich bereits ein großer Erkenntnisfortschritt gegenüber der missbräuchlichen Vorstellung ist, nur der Mann repräsentiere das Ebenbild Gottes. Aber zugleich hat diese Übersetzung auch den Dualismus von Frau und Mann in den Köpfen von Menschen festgeschrieben, statt das eigentlich gemeinte Spektrum zu eröffnen. Die Menschen sind in einer Vielfalt von weiblichen und mit männlichen Anteilen erschaffen. Jede/r trägt sowohl weibliches als auch männliches in sich. In diesem Spektrum und in der Spannung zwischen den beiden Polen entwickelt sich menschliches Leben in seiner Vielfalt und in seiner Schönheit. Es ist bedeutsam, den Blick dafür wiederzugewinnen, dass Leben nicht in sich ausschließenden Alternativen, sondern in fluiden Beziehungen zueinander geschieht und gedeiht.

Natur als Zeugnis für Gott

Aber nicht nur die Menschen als Ebenbild Gottes vertreten Gott der Schöpfung gegenüber, sondern die Schöpfung erzählt etwas über Gott und spiegelt so den Menschen etwas von Gott. Dieser Gedanke findet sich in der Bibel auch an anderen Stellen (Psalm 19, 2-7; Apg 14,17; Röm 1,19f.). Augustinus hat diesen Gedanken sehr prägnant in den Begriff „Buch der Natur" gefasst. „Alle Dinge können als Manifestation der göttlichen, schöpferischen Kraft verstanden werden, als Sprache Gottes oder als Welt-Text, der durch sein Geschaffen-Sein auf Gott verweist." Augustinus formuliert es so: „Andere lesen ein Buch, um Gott zu finden. Ein großes Buch ist aber die Gestalt der Schöpfung selbst. Die obere wie die untere fasse ins Auge, merke auf sie, lies darin! Nicht hat Gott, damit du ihn erkennst, mit Tinte Buchstaben niedergeschrieben: Dir vor Augen hat er eben das gesetzt, was er geschaffen hat! Was fragst du nach einer deutlicheren Stimme? Es rufen dir Himmel und Erde zu: „Gott hat mich geschaffen!" (Sermo 68,6; zitiert aus: „Die Schöpfung als Modus göttlicher Rede", Therese Fuhrer, in: *Von Rom nach Bagdad*)

Dass uns in der Schöpfung Gott begegnet und dass wir in der Schöpfung Gott begegnen können, leuchtet heute vielen Menschen ein. Diese Erfahrung machen Menschen die pilgern in besonderer Weise. Für viele TN ist diese Erfahrung sehr anschlussfähig. Im Downloadbereich finden Sie ein Arbeitsblatt („In der Natur Gott begegnen") mit den obengenannten Bibelstellen sowie einigen Zitaten von Augustinus. Es dient als Anregung über Gotteserfahrungen in der Natur ins Gespräch zu kommen. Dass in der Natur Gottes Stimme erfahrbar ist, hängt also logisch damit zusammen, dass Gott durch sein Sprechen die Welt erschaffen hat und in ihr immer noch präsent ist.

 Bitten Sie die TN, die Aussagen über Gottes Handeln im Text hervorzuheben. Was für ein Bild von Gott wird dadurch beschrieben? Bitten Sie die TN, sich zu diesem Gottesbild zu positionieren. Entspricht es ihrer Vorstellung von Gott?

In dieser Einheit ist Sprache ein göttliches Kennzeichen. Gottes Sprechen schafft Freiraum, schafft Leben und Ordnung. Gottes Sprechen erhält nach biblischem Verständnis auch das Leben der Menschen. Von Jesus, der selbst als fleischgewordenes Wort Gottes bezeichnet wird, wird berichtet, dass er alleine durch sein Wort Menschen heilen, Stürme stillen und Tote auferwecken kann. Für Martin Luther gilt: Mit wem Gott gesprochen hat, der ist wahrlich unsterblich.

> Do you wish to know
> How light
> Can find a voice and sing?
> How light can grow legs
> And dance?
> The light emanating from
> The Name
> Of God
> Hidden and hiding in
> Worlds within words
> Breaks out to shine.

Yakov Azriel (929 – App zu Gen 1)

 Zum Thema Licht finden Sie im Downloadbereich ein Bible Art Journaling, das diesen Aspekt sehr eindrucksvoll in Szene setzt.

Lob Gottes

Der Text ist ein Loblied! Seine Form ist rhythmisch. Die Gestaltung der Strophe folgt einem sich wiederholenden Schema. Diese Beobachtung bettet das „Am Anfang" in einen liturgischen Zusammenhang ein. Auch in unseren liturgischen Elementen gibt es eine vergleichbare Formulierung: „Wie am Anfang, so auch jetzt und allezeit und in Ewigkeit" – gemeint ist das, was immer gilt. Wovon hier gesungen wird, „ist unauslotbar und kann nur im Nach- und Wiedererzählen immer auf Neue angenommen werden. So hört der Anfang niemals auf" (Georg Stein, Egbert Ballhorn: *73 Ouvertüren*).

 In diese liturgische Gesangs- und Erzähltradition können sich auch die TN stellen. Bitten Sie die TN, sich einen (oder auch mehrere) Verse aus dem Text auszusuchen und zu markieren, in denen für sie etwas ausgesagt wird, für das sie Gott loben möchten. Dann lesen Sie den Text vor und bitten Sie die TN, immer dann in Ihre Lesung einzustimmen, wenn Sätze vorkommen, die sie markiert haben. So entsteht ein polyphones gemeinsames Lob Gottes.

 Dass „Alles gut ist", ist sicherlich eine Grenzaussage menschlichen Lebens. Aber jeder kennt solche „Alles ist gut" Momente. Bitten Sie die TN, sich an solche Momente in ihrem Leben zu erinnern und wenn sie mögen, einander davon zu erzählen. Anschließend können sie mit den TN aus den Erinnerungen an diese Momente ein Lob und Dankgebet gestalten und damit diese Momente wertschätzen und feiern.

Liedvorschläge

- Lauda to si
- Herr, ich sehe deine Welt
- Morgenlicht leuchtet
- Liebe, die du mich zum Bilde deiner Gottheit hast gemacht
- Gottes Wort ist wie Licht in der Nacht

1.3 Vorschlag für eine Bibelarbeit

Jochen Wagner

Vorbereitung

Inhaltlicher Schwerpunkt

Der sogenannte erste Schöpfungsbericht hat viele Facetten. Er führt uns in eine Zeit vor der Zeit und enthält grundlegende Aussagen über Gott und den Menschen. Gleichzeitig ist er kein naturwissenschaftlicher Bericht. Seine spezifische Aussageabsicht gewinnt er im Vergleich mit anderen altorientalischen Schöpfungsberichten. Es geht um Ordnung und Struktur.

Der Text enthält viele Themen. Er hat seinen Eingang ins kulturelle Gedächtnis gefunden. Vieles, was einem diesbezüglich in den Sinn kommt, stammt jedoch aus der Schöpfungserzählung in Gen 2-3: Die Rede vom Paradies, Eva und der Apfel (der eigentlich eine Frucht ist) finden sich bis heute u.a. in der Literatur (Stephen Greenblatt: *Die Geschichte von Adam und Eva. Der mächtigste Mythos der Menschheit*) und der Popmusik (von Coldplays „Paradise" bis zu „Empire State of Mind" des New Yorker Rappers Jay Z mit der Zeile „Don't bite the apple, Eve").

Die Bibelarbeit greift zwei Aspekte des Textes heraus: Einmal die Bewertung der Schöpfung als „sehr gut" und die Erschaffung des Menschen als „männlich und weiblich". Gerade Letzteres wirft die Frage auf, wie die Aussagen zur Vielfalt der Geschlechter passen. Dem werden wir nachgehen. Es wäre besonders zu begrüßen, wenn unterschiedliche Generationen an dem Abend teilnehmen würden.

Verbindung zu anderen Einheiten

Gen 1 eröffnet die ökumenische Bibelwoche. Oft wird der Text mit dem sogenannten „Zweiten Schöpfungsbericht" (Gen 2-3) zusammengelesen und gedacht. Gen 2-3 wird in der nächsten Einheit behandelt. Außerdem greift der Gottesdienst Gen 1 noch einmal mit dem Schwerpunkt „Gottes Schöpfung – Geschenk und Verantwortung (Gen 1,26-31)" auf.

Raumgestaltung
→ Stuhlkreis
→ Eine gestaltete Mitte mit Gegenständen, die man mit der Schöpfung verbindet (z.B. einen Globus)

Materialien und Medien
→ Beamer für das Video
→ Handy und Box für das Lied „This is me"
→ Post-its in unterschiedlichen Farben
→ Stifte in der Anzahl der Teilnehmer:innen

Zur Gestaltung des Abends

....

Liturgische Eröffnung

Gebet
> Gott, wir danken dir für Deine Gegenwart,
> Danke, dass du der Schöpfer bist.
> Danke für das Geschenk der Schöpfung.
> Gott, du nimmst uns an der Hand,
> auch Neues zu entdecken und zu denken.
> Bitte öffne Du uns Dein Wort.
> Amen

Lied
Meine engen Grenzen (GL 437 sowie in den regionalen Teilen des EG)

Video
Die Astronauten der Apollo 8 lesen die Schöpfungsgeschichte, während sie die Erde filmen (auf YouTube: **https://kurzelinks.de/yf3i**)

Auf den Text zugehen (ca. 20 Min.)
Der erste Schöpfungsbericht schließt damit, dass Gott die Schöpfung betrachtet und zu dem Urteil kommt: „Es ist sehr gut!" (Gen 1,31) Was denken Sie über das Urteil? Würde Gott das heute auch so sagen?

Gespräch in Murmelgruppen (immer 3-4 rücken die Stühle zusammen und tauschen sich aus)

Die Diskussion in den Gruppen kann an dieser Stelle nicht vertieft werden. Nur eine Sache sei herausgegriffen: Egal, wie Sie in den Gruppen über das „sehr gut" diskutiert haben, sein Urteil über uns bleibt bestehen: Sie und ich sind in den Augen Gottes sehr gut gemacht.

Dem Text begegnen (ca. 40 Min.)
Nun lassen Sie uns den Vers in den Blick nehmen, in dem von der Erschaffung des Menschen die Rede ist. In Gen 1,27 heißt es: „Gott erschuf den Menschen als sein Bild, als Bild Gottes erschuf er ihn. Männlich und weiblich erschuf er sie."

Eine ganz zentrale Aussage soll heute nicht im Zentrum stehen, nämlich die Gottesebenbild-lichkeit, also die Aussage, dass jeder Mensch nach dem Bild Gottes geschaffen ist. Jeder Mensch ist eine lebendige Statue Gottes (Bernd Janowski). Heute soll es um den zweiten Teil des Verses gehen, die Frage der Geschlechter.
Diese Bibelstelle soll nun mit der gesellschaftlichen Diskussion zum Thema Vielfalt der Geschlechter ins Gespräch gebracht werden. Deshalb klären wir zunächst einige Begriffe: Sagt ihnen der Begriff „queer" oder „LGBTQ" (Erweiterung: LGBTQIA+) etwas? Können Sie erklären, was sie bedeuten?

Austausch in der großen Gruppe

Zur Erklärung: LGBTQ ist eine Abkürzung für „Lesbian, gay, bisexual, transgender, queer". „Queer" ist ein Oberbegriff für nicht heterosexuelle Orientierungen und verschiedene Geschlechtsidentitäten.

Frage: Die Diskussionen zur Vielfalt sind mit vielen Emotionen verbunden. Das hat unter anderem damit zu tun, dass sie für manche absolute Selbstverständlichkeiten benennt und für andere absolutes Neuland (und damit Verunsicherung) bedeutet. Deshalb sei an dieser Stelle schon mal gefragt: Was verbinden Sie/ihr mit dem Thema? Was löst es bei euch aus?

Genesis 1,27

Mit all dem, was wir mit dem Thema verbinden, kommen wir zu unserem Vers: Wie verstehen Sie den Vers bezogen auf die Geschlechter bzw. die Zuordnung der Geschlechter? Was könnte es bedeuten, dass hier wörtlich nicht „Mann und Frau", sondern „männlich und weiblich" steht?

Austausch in der großen Gruppe

Manche meinen, der Vers würde eine Schöpfungsordnung beschreiben. Dabei ist die Rede von einer „Schöpfungsordnung" äußerst missverständlich. Wenn man den ganzen Abschnitt Gen 1,1-2,4a betrachtet, kann (zunächst einmal) nur der Sabbat als Schöpfungsordnung gelten. Die Rede von „männlich" und „weiblich" beschreibt hingegen keine Schöpfungsordnung, sondern nur die Mehrheitserfahrung. D.h., die Stelle ist nicht exklusiv in dem Sinne zu verstehen, dass es nur Mann und Frau gäbe. Der Text beschreibt die damalige Normalität, ohne daraus eine Norm „Es darf nur so sein" zu machen. In Gen 1 begegnen uns öfter Wendungen wie „Himmel und Erde", die eine Gesamtheit durch die beiden äußeren Pole beschreibt (dies nennt man einen „Merismus"). So kann auch „männlich und weiblich" verstanden werden. Der Text ist also durchaus dafür offen, dass es andere Orientierungen und Zuordnungen gibt.

Post-it und Stift
Jede/r notiert zu den Fragen 2-3 Sätze, die er/sie mitnimmt: Was habe ich Neues gehört? Was nehme ich mit? Wo habe ich noch Fragen?

Mit dem Text weitergehen: Gott geht mit (ca. 20 Min.)
Das Lied „This is me" aus dem Soundtrack des Films The Greatest Showman über Handy & Box hören.

Es ist nicht leicht, die Bedeutung ins Deutsche übersetzen. Es meint: Jede/r ist sehr gut so, wie er/sie ist. Und dies gilt auch für die sexuelle Orientierung.

Lied zur Bibelwoche

Schlussgebet
    Gott, Schöpferin einer schillernden und pulsierenden Welt,
    du hast uns nach deinem Bild geschaffen.
    Wir alle tragen deine Züge,

jeder und jede ist ein Einzelstück
in dem unendlich großen Mosaik,
mit dem du dich in der Welt verewigst.
Jeder und jede ist ein eigenes Kapitel deiner Geschichte mit uns.
Du offenbarst dich im Leben von Menschen verschiedenster Herkunft,
du bist spürbar in der Liebe von Hetero-, Homo-, Bi- und Asexuellen.
Du hinterlässt Spuren in den Kulturen der Welt.
Du lässt dich loben in allen Sprachen und Dialekten der Erde,
und du sendest uns deinen Geist, um einander zu verstehen.
Nimm uns die Angst vor dem Fremden.
Wecke in uns die Neugier aufeinander.
Lass uns voneinander lernen
Und einander freundliche Gäste sein
In den unendlich vielen Wohnungen deines großen Hauses.

aus: Bukowski/Denker/Pyka, Worte finden, Neukirchen-Vluyn 2021, 85

Vaterunser

Segen
Gott, segne und behüte uns.
Sei bei uns, wenn wir aufbrechen,
neue Dinge entdecken und uns auf neue Wege begeben.
Segne unsere Schritte,
damit wir nicht müde werden auf unserem Weg.
Segne unsere Herzen,
damit wir als Kirche/n wirklich offen sind für alle Menschen.
Es segne uns der eine Gott,
der Vater, der Sohn
und der Heilige Geist.
Amen.

1.4 Bildbetrachtung

Johannes Beer

Friederike Kirchner: Genesis 1,1-2,4a – Schöpfung, Öl auf Leinwand, 2022, 40,5 x 32,5 cm

Zwei Menschen stehen aufrecht in der rechten unteren Bildecke. Mit hellgrauen Linien sind sie auf den hellen Malgrund gesetzt. Wenige Einzelheiten sind zu erkennen, aber wir sehen ihre enge Vertrautheit. Sie stehen einander halb zugewandt und haben offenbar ihre Hände ineinandergelegt. Beide haben die Köpfe erhoben und schauen nach schräg oben. Die Augen sind nur durch die Umrisse angedeutet und dennoch erkennen wir diesen Blick, sehen die offenen Gesichter.

Dem Blick folgend nehmen auch wir wahr, was diese sehen: In der linken oberen Bildecke ist deutlich ein Kopf, eigentlich eher ein Gesicht im Profil, zu erkennen. Auch dieses ist mit hellgrauen Linien auf den hellen Malgrund gezeichnet. Auch bei diesem sind die Einzelheiten nicht dargestellt und das Auge nur durch seinen Umriss und die angedeutete Braue zu erkennen. Dennoch nehmen wir auch hier den Blick deutlich wahr. Dieses Gesicht schaut zu den beiden Menschen. Diese Person hat die beiden deutlich in den Blick genommen.

Getrennt sind die Menschen von dem schauenden Gesicht durch eine Linie, die wie die Begrenzung einer nach rechts offenen Blase wirkt. Außerhalb dieser Line ist viel unregelmäßiges dunkles Blau, das wie Wasser aussieht. Innerhalb dieser Linie ist ein lichter Raum, der teilweise an Landschaftsmalereien erinnert. Da sind drei Fische skizziert. eine Landschaft in Gelb- und Grüntönen zieht sich vom linken Rand der Linie bis nach oben rechts. Wenn wir das Bild auf den Kopf drehen, haben wir fast eine klassische Landschaft vor uns, die von einem blauen Himmel mit angedeuteten Wolken überspannt wird. Mond und Sterne sind trotz des hellen Lichtes zu erkennen. Da wachsen Gräser, Büsche und Bäume. Wir entdecken Hirsche unter den Bäumen und auffliegende Vögel. Früchte oder Blüten leuchten rot. Eine Katze und ein Hund spielen im Grün und schauen aus dem Bild heraus. Eine Schafherde weidet und in der Baumkrone am Bildrand sitzt eine Eule.

Gott schuf mitten im lebensfeindlichen Raum einen Lebensraum. Die Blase auf dem Bild ist die Feste, die den einen vom anderen Bereich trennt. Und innerhalb dieser Blase finden wir exemplarisch alles, was zu Gottes Schöpfung gehört. In diesem Raum schafft er den Menschen als Mann und Frau. Zusammen sind sie sein Gegenüber. Er hat sie in den Blick genommen und wendet sich nicht ab. Die beiden sollen ihn im Blick behalten und sich nicht abwenden. Dieser intensive gegenseitige Blick charakterisiert das Paradies.

2 | Gut und Böse

2.1 Exegese

Michaela Bauks

Der Text und seine Struktur

Verglichen mit der ersten Schöpfungserzählung in Gen 1 legt die Garten-Eden-Erzählung in Gen 2,4b-3,24 (= Gen 2-3) einen anderen literarischen Charakter an den Tag. Fast märchenhaft bzw. in mythischer Redeweise wird der Anfang der Welt ein zweites Mal thematisiert, wobei der Fokus deutlich auf die Erschaffung des Menschen gelegt ist. Mit ihm setzt das Schöpfungshandeln Gottes in Gen 2,7 ein. Auf ihn hin wird der Lebensraum nach der Art eines Gartens angelegt (Gen 2,8-14), in dem der Mensch angesiedelt wird und der seinen Lebens- und Schaffensraum bildet. Denn seine Aufgabe besteht darin, den Garten zu bebauen und zu bewahren (2,15). Der Mensch ist somit als Nutznießer und als Arbeiter des Gartens beschrieben, während Gott als Eigentümer ihm einen Abschnitt vorenthält, indem der Genuss vom Baum der Erkenntnis von Gut und Böse inmitten des Gartens untersagt ist (2,17). Dieses Verbot wird zum Motor der gesamten Erzählung, die ab Gen 3,1 in die Erzählung vom sogenannten „Sündenfall" überleitet, die mit dem Ausschluss des Menschenpaars aus dem Garten endet (Gen 3,22-24). Die Strukturskizze lässt erkennen, dass die Erzählung in vier göttliche Handlungen unterteilt ist, die den Fortgang bestimmen: Erschaffung des Menschen; Formulierung des Verbots; Erschaffung von Tieren und Frau; Maßnahmen im Anschluss an die Übertretung. Die Sequenzen sind von einer Hintergrundschilderung, die die Lage des Gartens thematisiert (2,10-14) und einem ausführlichen Dialogteil (3,1-19) unterbrochen. **Außerdem gibt es eine Reihe „ätiologischer" Verse. Sie geben Einblick in die historische Realität der ursprünglichen Adressat*innen der Erzählung** und handeln von der Anerkennung der Frau durch den Mann (2,23), einer sozialgeschichtlichen Notiz (2,24) oder der poetisch anmutenden Namensgebung der Frau (3,20), deren Name von dem hebräischen Nomen für „Leben" abgeleitet wird. Selbst die Straf- bzw. Fluchsprüche in 3,14-19 haben eine explizit ätiologische Funktion, denn sie sollen bestimmte Bezugssysteme des Menschen erklären, wie z. B. das Verhältnis Mensch – Tier, Frau – Mann und Mensch – Erde. Sie liefern aus Sicht der Leser*innen einen Schlüssel für das Verständnis der gesamten Erzählung. Die Schöpfungsthematik an sich ist in Gen 2,24 abgeschlossen, während das Folgende im Rückverweis auf das Genussverbot (2,17) die Übertretung als allmählich fortschreitende Distanzierung des Menschenpaars von Gott und seinem Garten thematisiert. Angesichts einer Reihe zitathafter Verweise dürfte die Erzählung in Gen 4 eine unmittelbare Fortsetzung finden.

→ So erinnert das Verlangen der Frau und die Beherrschung durch den Mann (3,16) an Kains Verlangen nach Sünde und ihrer Beherrschung (4,7).
→ Der Frage „Wo bist du?" (3,9) entspricht „Wo ist dein Bruder?" in Gen 4,9.
→ Die Frage „Warum?" (3,13f) korrespondiert mit dem „Was hast du getan?" in Gen 4,10.
→ Die Strafe besteht in einer Verfluchung (3,14 Schlange; 3,17 Erdboden; 4,11 Kain).
→ Sie hat Folgen für das Ergehen (3,15-19 Strafsprüche an Menschenpaar; 4,12f Kain).
→ Auf die Eindämmung der Strafe (3,21 Bekleidung; 4,15 Schutzzeichen) folgt die Vertreibung (4,16; 3,23).

Strukturskizze zu Gen 2-3

2,4b-25 Schöpfungserzählung

2,4b-6 Hintergrundschilderung (Vorwelt als »als noch nicht«; *protasis*)

7-9 *Handlung 1*: Erschaffung des Menschen und des Gartens (*apodosis*)

     7   Erschaffung des Menschen

     8   Erschaffung des Gartens und Hinführung Mensch

     9   Pflanzung der Bäume

10-14 Topographie des Gartens

15-17 *Handlung 2*: Hinführung des Menschen und Verbot

     15   Entfaltung von V. 8b: Auftrag des Menschen

     16-17   Verbot

18-24 *Handlung 3*: Erschaffung von Tieren und Frau

     18   Reflexion Gottes über seine Schöpfung

     19   Erschaffung der Tiere und Benennung des Menschen

     20   Benennung der Tiere; verpasstes Ziel

     21-22   Erschaffung der Frau aus dem Menschen

23   Ätiologisierender Spruch der Anerkennung

24 Ätiologische Notiz im Kontrast zur Ist-Welt

25 Brückenvers zur Einleitung des neuen Erzählabschnitts

3,1-24 Die Übertretung und ihre Folgen

1-7 *Übertretung*

     1-5   Dialog zwischen Frau und Schlange

     1a   Einführung der Schlange

     1b   Frage der Schlange

     2-3   präzisierende Antwort der Frau

     4-5   abwägende Replik der Schlange

     6-7   Handlung und Übertretung des Verbots

8-13   *Dialog mit Gott (Untersuchung)*

     8   Begegnung Gott – Mensch

     9   Frage Gottes: Wo bist du?

     10   Antwort des Menschen

     11   Frage Gottes

     12   Antwort des Menschen (Ausflucht)

     13a   Frage an die Frau

     13b   Antwort der Frau (Ausflucht)

14-19   *Straf- bzw. Fluchsprüche*

     14-15   Verfluchung der Schlange

     16   Strafspruch an die Frau

     17-19   Strafspruch an den Mann und Verfluchung des Ackers

3,20   Ätiologische Namensnotiz

21-24 *Handlung 4*: Maßnahmen im Anschluss an die Übertretung

     21   Versorgung des Menschen durch Kleidung

     22   Reflexion Gottes

     23-24   Vertreibung und Schutz des Lebensbaumes

Theologische Themen

Die Szene vom sogenannten Sündenfall (Gen 3,1-6) ist allzu bekannt. Insbesondere in der europäischen Kunstgeschichte ist das Motiv der durch die „böse Schlange" verführten und Apfel essenden Eva zum Inbegriff des gefallenen Menschen geworden, wobei die Schuldfrage in der antiken Literatur mitunter mit der Figur der Frau verbunden wird (Sir 25,32). Das deutero-kanonische Buch Weisheit Salomos (Weish.Sal 2,23) führt das Faktum der Sterblichkeit explizit auf diesen „Fall" zurück.

Simone Cantarini., „Adam und Eva", Radierung,
19,8 x 172, cm, Metropolitan Museum of Art, um 1639

Unser geläufiges Verständnis dieser Szene, die stark durch die Rezeptionsgeschichte geprägt wurde – wie es die Radierung von Simone Cantarini beispielhaft zeigt –, **entspricht dem Duktus der biblischen Erzählung aber nur bedingt**. So bleibt die Frucht, von der die Frau isst, unbestimmt. Auch darf die Schlange nicht mit dem Bösen identifiziert (oder gar mit dem Teufel personifiziert) werden – sie ist ein von Gott geschaffenes Tier. Der hebräische Text beschreibt die Figur vielmehr als listig oder schlau (EÜ: *„schlauer als alle Tiere des Feldes"*), was keine negative, sondern eine zweideutige Eigenschaft ist (vgl. Hi 5,12f; 15,5). Das hebr. Adjektiv *arûm* bezeichnet nämlich im Sprüchebuch positiv „Klugheit" und „Weisheit" (Spr 12,16.23 u.ö.), alliteriert hier mit der Nacktheit der Menschen in Gen 2,25 (hebr. *arôm*). Klugheit und Nacktheit stehen dank der Lautverwandtschaft in einem Spannungsverhältnis (s. unten). Ihren Namen erhält die Frau erst im Anschluss an die göttlichen Strafsprüche (Gen 3,20) und ist vorher einfach als „Frau" in die Erzählung eingeführt.

Übrigens definiert der Name ihre Rolle in vielversprechender Weise: Eva/ Ḥawwa (Gen 3,20) ist nämlich die „Mutter allen Lebens" (*ḥaj*), (EÜ: *„Mutter aller Lebendigen"*). Adam bedeutet „Mensch". Das Nomen begegnet erst in Gen 4,25 als Eigenname (nämlich ohne Artikel) und formt zugleich ein Wortspiel mit dem Ackerboden (*adama*) (EÜ: *„Erdboden"*), von dem er genommen ist und zu dem er wieder zurückkehrt (Gen 2,7; 3,18.23). **Ob die Sterblichkeit von Anfang an ein typischer Zug der menschlichen Existenz ist oder erst durch die Strafe Gottes entsteht, bleibt im Verlauf der Erzählung uneindeutig.** Denn das Thema Tod ist in unterschiedlicher Weise behandelt: Gen 2,19 (vgl. 3,3f) stellt den Tod als unmittelbare Strafe im Fall der Gebotsübertretung in Aussicht, wobei die Todesfolge am Ende nicht eintritt, sondern durch die Vertreibung ersetzt wird. Die bereits altorientalisch belegte Metapher für die geschöpflich zugewiesene Sterblichkeit findet sich in dem Motiv der Erschaffung des Menschen aus Erdboden (Gen 2,19), zu dem er nach seinem Tod zurückkehrt (3,19). Gen 3,22 definiert indes den Genuss vom Baum des Lebens als eine Quelle ewigen Lebens, die aber mit Spr 3,18; 11,30; 13,12; 15,4 nicht Unsterblichkeit an sich bezeichnet, sondern auf das gute Leben im Angesicht Gottes zielt.

Folglich erweist sich die Erzählung in dem Dreieck von göttlichem Gebot, menschlichem Handeln und möglicher Erkenntnis als äußerst ambivalent – und das ist eine theologisch bewusste Entscheidung, die zu den Erfahrungen menschlicher Existenz gut passt. Die Erzählung setzt nämlich – man denke hier besonders an die Strafsprüche in Gen 3,16-19 – bei der faktisch erlebten Realität eines jeden Menschen an, die nicht als perfektes Dasein, sondern als eine von Gefährdung, Konflikten, Missverständnis, Schmerz und Tod geprägte Erfahrung wahrgenommen wird. **Die Erzählung will den Gründen für diese Einschränkungen des menschlichen Lebens nachgehen und tut dies in einer ausgesprochen mythischen Redeweise.** So ist der Schöpfer als Handwerker (2,7.19.21) oder als abends im Garten spazierender Gott gezeichnet, der sein Geschöpf aufsucht (3,8-12). Mythisch anmutend ist auch die sprechende Schlange (3,1.4-5). Dies alles sind sprachliche Mittel, um in einer an das menschliche Handeln angepassten Darstellungsweise die unerhörte Nähe und Vertrautheit von Schöpfer und Geschöpf zu unterstreichen, die die Zeit des Anfangs charakterisiert und darin die Hoffnung und das Streben nach einer besseren Welt zum Ausdruck bringt. Der ambivalenten menschlichen Welterfahrung ist die Utopie des Anfangs entgegengestellt.

Gen 2-3 als Beziehungserzählung

Gen 2-3 handelt in erster Linie von der Zerbrechlichkeit der menschlichen Bezüge: Die auf den ersten Blick so perfekt erscheinende Beziehung des ersten Menschenpaars (Gen 2,23f) entwickelt sich zu einem spannungsvollen, von Macht und Abhängigkeit geprägten Verhältnis (3,16). Die Beziehung zu den Tieren, die anfangs durch Namengebung in die menschliche Lebenswelt eingeordnet sind (2,20), entwickelt sich durch die klug agierende Schlange zu einem Konkurrenzkampf (3,15), der sogar existenzielle Bedeutung erhält. Sie tangiert nämlich – als dritter Bezugsrahmen – die anfangs so selbstverständliche und gesegnete Nähe des Geschöpfes Mensch zu seinem Schöpfer, die mit der Vertreibung aus dem Garten einen unwiederbringlichen Bruch erfährt (3,22-24). Die künftigen Lebensverhältnisse außerhalb dieses Gottesgartens sind mühsam, und somit ist auch die Beziehung zum Lebensraum geschädigt (3,17-19; Verfluchung des Ackers). Die menschlichen Einbußen nehmen im weiteren Verlauf der Erzählung (Kain und Abel in Gen 4,1-16) noch zu, wo nicht nur der Dialog mit dem Bruder und mit Gott misslingt, sondern auch der Fluch des Ackers auf Kain selbst übergeht und ihn zu einem flüchtigen Dasein verdammt (4,12.14.16). Außerdem wird dem Menschen im Motiv der Sterblichkeit seine Begrenztheit und Unterschiedenheit vom Göttlichen bewusst. Der nackt und unverstellt handelnde Mensch (2,25) bereitet sich schließlich Schurze (3,7.10), um die an sich wahrgenommene Blöße, die weniger sexuelle als soziale Scham im Sinne von Minderwertigkeit gegenüber Gott bezeichnet, zu verbergen. Wenn Gott den Menschen mit Kleidung versorgt, hält er an seinem Geschöpf zwar fest und stattet es aus (vgl. das Kainsmal in 4,15). **Doch das Zerbrechen der unmittelbaren Beziehung des Schöpfers zum Geschöpf gilt. Das menschliche Dasein ist fortan geprägt von Entfremdung.**

Gen 2–3 als Nachdenken über die menschliche Erkenntnis

Gen 2–3 zeigt zwar, dass das Streben nach Weisheit im Menschen existiert und wünschenswert ist (Gen 3,6; vgl. Spr 3,18), aber es macht ebenso deutlich, dass das Nachgeben dieses Strebens ohne Gottesbezug fehlgeht (vgl. Spr 13,14; 14,27). Das göttliche Gebot in Gen 2,17 markiert die Grenze, die zwischen Schöpfer und Geschöpf besteht. Am Ende der Erzählung erkennt das Menschenpaar nicht etwa die Sünde (das Wort begegnet erstmals in Gen 4,7) ⌐, es vermag die Verantwortung für sein Handeln nicht einmal einzugestehen (Gen 3,12f) ⌐, sondern wird von den Folgen seines Tuns überrollt. **Die zentrale Frage der Erzählung lautet nicht, ob der Mensch auf die Suche nach Weisheit hätte verzichten müssen, sondern eher, ob Weisheit ohne Gott(esfurcht) möglich ist.** Wenn die Schlange in Gen 3,5 Gottähnlichkeit des Menschen verspricht, die darin besteht, um Gut und Böse zu wissen, geht es der Frau nicht um die Ähnlichkeit mit Gott, sondern das Begehren der in Aussicht gestellten Weisheit. Es geht ihr um die Sache, nicht um den Anspruch der Gottähnlichkeit im Sinne von Hybris.

In Gen 3,22 fasst Gott das Geschehen lakonisch zusammen: „Dann sprach Gott, der HERR: Siehe, der Mensch ist wie einer von uns geworden, dass er Gut und Böse erkennt. Aber jetzt soll er nicht seine Hand ausstrecken, um auch noch vom Baum des Lebens zu nehmen, davon zu essen und ewig zu leben." Die Erkenntnis ist da, aber die Nähe zum Göttlichen ist in unangemessener Weise überschritten. Deshalb wird die Vertreibung unumgänglich.

An dieser Stelle möchte ich nochmals einhaken: Denn was unterscheidet das „Sein wie Gott" in Gen 3,5.22 eigentlich von der schöpfungsmäßigen Gottebenbildlichkeit in Gen 1,26-28? Während im ersten Schöpfungsbericht der geschaffene Mensch als Bild Gottes ausdrücklich eingesetzt ist, um als Stellvertreter Gottes zu herrschen und die göttliche Ordnung zu bewahren, unterstreicht der zweite Text geradezu den Unterschied von Göttlichkeit und Menschsein, dessen Nichtrespekt letztlich mit Hybris gleichgesetzt wird. Hier kommen zwei unterschiedliche Einschätzungen zum Ausdruck, die sich durch unabhängige theologische Traditionen oder Schulen erklären lassen. Eine weitere Position, die gewissermaßen zwischen den beiden genannten liegt, begegnet in Ps 8, wenn es heißt: „5 Was ist der Mensch, dass du seiner gedenkst, des Menschen Kind, dass du dich seiner annimmst? 6 Du hast ihn nur wenig geringer gemacht als Gott, du hast ihn gekrönt mit Pracht und Herrlichkeit. 7 Du hast ihn als Herrscher eingesetzt über die Werke deiner Hände, alles hast du gelegt unter seine Füße." Hier geht es darum, das Verhältnis von Gott und Mensch, Schöpfer und Schöpfung auszuloten. Gen 1 und Ps 8 tun dies in nahezu hymnischer Weise und trauen dem Menschen mehr zu, während Gen 2-3 bzw. 2-4 die Kehrseite menschlicher Einflussnahme auf die Lebenswelt sehr kritisch bewertet.

„…als Mann und Frau schuf er sie." (Gen 1,27)

In Gen 1 ist die Menschenschöpfung äußerst knapp erzählt. Anstelle um schöpferische Details geht es um den Status des Menschen innerhalb der Schöpfung und um seine „Zweiheit". Das Wesen „Mensch" begegnet von Anfang an als männlich und weiblich. Das ergibt durchaus Sinn, wird doch dem Aufruf „Seid fruchtbar und mehrt euch, füllt die Erde…" durch Fortpflanzung entsprochen. Die Präzisierung hat aber auch zur Folge, dass der Mensch als Statthalter der Schöpfung nicht als (ein männliches) Individuum vorgestellt wird, sondern vielmehr als Spezies, d. h. als ein Kollektiv, in dem der Frau eine ebenbürtige Funktion zukommt. **Das heißt aber, dass die Gottebenbildlichkeit ein Attribut der Spezies Mensch ist und nicht etwa ein individueller Charakterzug der der/dem Einzelnen gilt.** Diese Auslegung unterstreicht, dass auch Gen 1 die Relativierung von Gott und Geschöpf bereits mitgedacht hat, indem das Individuum (noch) nicht in den Blick rückt. Eine wenig beachtete Verstehenshilfe bietet die jüdische Auslegungstradition. Der Babylonische Talmud Berakot 61a setzt ein mit der Erinnerung: „Die Worte des Menschen vor dem Heiligen, gepriesen sei er, solle stets wenig sein, denn es heißt: *überstürze dich nicht mit deinem Munde…, denn Gott ist im Himmel und du bist auf Erden, darum mögen deine Worte wenig sein*" (Übersetzung L. Goldschmidt; vgl. Koh 5,1), bevor der Text zur Menschenschöpfung, wie sie in Gen 1-2 beschrieben ist, überleitet. Interessanterweise gehen die Rabbinen von einem Urmenschen aus, einem androgynen Wesen, dem zwei Triebe (zum Guten und zum Bösen) und zwei Gesichter zu eigen sind. Diese werden erst im Laufe des weiteren Prozesses zu Mann und Frau ausgeformt, indem der Körper des Urmenschen in zwei Seiten aufgeteilt wird. Das hebr. Wort *ṣela'* ist eigentlich ein architektonischer Spezialbegriff, der z.B. eine Seite der Lade (Ex 25,12.14), des Altars (Ex 27,7) oder der Stiftshütte (Ex 26,20 u.ö.) und des Tempels (1Kön 1Kön 6,5 u.ö.) bezeichnet. **Die Übersetzung „Rippe" in Gen 2,22 ist also metaphorisch zu verstehen und weist weniger auf ein vom Mann entbehrliches Teilchen hin, aus dem Gott die Frau bildet, als vielmehr auf den Akt der Teilung eines urmenschlichen Wesens, aus dem Mann und Frau gemeinsam hervorgehen.** Die daraus resultierende Geschlechterauffassung, die in der ätiologischen Notiz in V. 24 sogar eine Umkehrung der damals gültigen gesellschaftlichen Normen postuliert, wenn nämlich der Mann in die Familie der Frau auszieht, ist utopisch zu verstehen (vgl. Jes 11,6-9 Tierfrieden). Der Strafspruch an die Frau in Gen 3,16 erinnert hingegen an die historische Realität des Patriarchats in antiken Gesellschaften.

Eva bedeutet Leben

Die Frau wird durch den Namen, den der Mann ihr gibt, ausdrücklich aufgewertet. Als „Mutter allen Lebens" wird sie zur Urmutter der ganzen Menschheit. So hebt die sich anschließende Erzählung in Gen 4 hervor: „Der Mensch erkannte Eva, seine Frau; sie wurde schwanger und gebar Kain. Da sagte sie: Ich habe einen Mann vom HERRN erworben" [oder auch: geschaffen]. Eva wird zur Stammmutter der ersten Genealogie (vgl. Gen 4,17.25 ohne Namensnennung), wodurch dem weiblichen Anteil an der Fortpflanzung in einer für patriarchale Gesellschaften untypischen Weise positive Bedeutung zugewiesen ist. Denn in den Genealogien in Gen 5; 6,9f; 10; 11,10-26 sucht man die Namen der Mütter vergeblich (anders Gen 11,27-32). Deshalb wäre es eine viel zu einseitige Darstellungsweise, wenn wir Eva wegen des „Sündenfalls" schuldig sprächen und anklagten. Vielmehr entspricht Gen 2–3 einem Wimmelbild, in dem verschiedene Züge nebeneinander herlaufen und in dem Betrachter*innen immer neue Fährten finden können. Die Suche nach Erkenntnis verläuft nicht eingleisig. Auch wird die Eigenheit und Gefährdung menschlicher Existenz nicht auf Schuld hin untersucht, sondern stattdessen als ein beinahe tragischer Prozess geschildert, der uns schließlich in der Welt ankommen lässt, die uns so gut bekannt ist. Vermutlich ist diese erzählerische Offenheit in Gen 2-3 für die ausführliche und universelle Rezeptionsgeschichte verantwortlich, die auch in der heutigen säkularen Gesellschaft nicht einfach abbricht. Denn in ihrer Vieldeutigkeit ruft die Erzählung uns immer wieder auf, einen neuen Zugang zu den ewigen Fragen des Menschseins zu finden. Schade ist, dass die Wirkungsgeschichte über Augustins Erbsündenlehre und sich daran anschließende dogmatische Konstruktionen zu einer Abwertung von Eva als Mutter allen Lebens geführt hat, ein Zug, der sich in der biblischen Erzählung so aber nicht findet.

2.2 Der Text heute – Themen und Bausteine

Kerstin Offermann

Ist Eva an allem schuld?

Eine Schlange, ein Baum, ein Apfel – jeder weiß, worauf sich diese Begriffe gemeinsam beziehen. Die Anspielungen an die Geschichte aus Genesis 3 ziehen sich durch unsere Kultur. Die Bilder haben sich mittlerweile verselbständigt. Wenn man jedoch genau hinsieht, entdeckt man, dass vieles davon so nicht im Text steht. Die Theologin und Pastoralreferentin Annette Jantzen fasst die Rezeptionsgeschichte kurz und treffen so zusammen (**https://kurzelinks.de/moax**): „Von dieser Geschichte ist viel abgeleitet worden, was langandauerndes Leid verursacht hat: Die Frau als Verführerin, die Vorstellung einer Ur- und Erbsünde, gewaltvolle Geschlechterbeziehungen von Über- und Unterordnung. Im Christentum wurden oft Folien über den Text gelegt, die seine Wahrnehmung bestimmt haben – die Gegenüberstellung von Eva und Maria etwa. Eva aber (ein Hebräisches Wortspiel mit dem Wort ‚Leben') ist in der jüdischen Tradition überhaupt nicht negativ besetzt. Man kann diesen Text also offenbar anders lesen, als wir es christlich gewohnt sind. Dass die lange unhinterfragte Interpretation der Geschichte „die Frau ist schuld" nicht angemessen ist, sollte klar sein. Die Interpretation „die Frau ist klug" (immerhin hat sie von der Frucht gegessen), findet sich in der Tradition seltsamerweise kaum, im Gegenteil."
Zu einer weiteren merkwürdigen aber gängigen Vorstellung, dass dieser Text belegen würde, dass der Mann mehr wert sei als die Frau, schrieb schon Lucretia Marinella (1571–1653; venezianische philosophisch-theologische Schriftstellerin), eine in ihrem 1600 veröffentlichten Werk „Über Adel und Vorzüglichkeiten der Frauen und Fehler und Mängel der Männer": „[...] da die Frau aus der Rippe des Mannes, der Mann aber aus Lehm und Erde gemacht ist, so ist sie sicherlich hervorragender als der Mann; ist doch die Rippe unvergleichlich edler als der Lehm. [...] Fügen wir hinzu, dass sie [die Frau] im Paradies, der Mann außerhalb davon geschaffen wurde." So kann man das also auch sehen. Auch der Begriff „Sünde" taucht in dem Text gar nicht auf. Also scheint die Überschrift „Der Sündenfall" eher unangemessen.

Welche Überschrift für den Text erscheint den TN nach genauerer Lektüre passender? Im Hebräischen hat der Text außerdem eine attraktiv-spielerische Dimension, die in Übersetzungen schwer abzubilden ist. Es gibt mehrere Wortspiele, die bewusst gesetzt die Begriffe mehrdeutig und damit tiefsinnig werden lassen: adam, adama (Erde) → Adam; Eva → Leben, nackt/weise (vgl. dazu die Exegese auf S. XX)

 Im Downloadmaterial finden Sie eine Übersetzung, die diese Wortspiele unübersetzt stehen lässt. Ermutigen Sie die TN, selbst Übersetzungsmöglichkeiten auszuprobieren. Was ändert sich im Verständnis des Textes, wenn man sich für die eine oder für die andere Übersetzung entscheidet?

Mit der Schlange beschäftigt sich eine sehr lesenswerte Ausgabe von Bibel und Kirche (2/2022, Nr. 230). Und auch zu Eva gibt es eine erhellende *Bibel und Kirche* Ausgabe. (2/2015, 204 Eva – Lust auf Erkenntnis) Außerdem finden sich in dem Buch „Bibel falsch verstanden" herausgegeben von Thomas Hieke und Konrad Huber (Stuttgart 2020) mehrere augenöffnende und amüsant zu lesende Aufsätze zu Genesis 1-3.

Meditation über ein Kommunikationsproblem

Auch Genesis 2 und 3 sind wie schon Genesis 1 keine „So war es"-Texte, sondern „So ist das Leben"-Texte. Sie fragen danach, wie unter den vorfindlichen Bedingungen menschliches Leben gelingen kann und wie das mit Gott zusammenpasst. Wenn man den Gedanken weiterdenkt, meditieren die Erzählungen aus Genesis 1–11 also darüber, wie Menschen mit Gott und wie Gott mit Menschen in Kontakt kommen und bleiben können. Die Qualität der Gottesbeziehung steht in unmittelbarem Zusammenhang mit der Qualität der zwischenmenschlichen und zwischengeschöpflichen Beziehungen. Wenn die Übertretung des Gebots die Vertreibung aus dem Garten zur Folge hat, dann liegt nach jüdischem Verständnis auf dem Einhalten der Gebote die Verheißung einer Rückkehr in den Garten, dem Einzug ins gelobte Land, aber vielleicht auch der Verwandlung unserer Welt in einen lebenswerteren Ort. Die Worte Jesu vom Anbruch des Reiches Gottes spielt auch darauf an, dass die Nähe zu Gott, zueinander und zur Umwelt in seiner Person wiederhergestellt ist. Jesus ruft seine Mitmenschen dazu auf, ihm nachzufolgen, zurück in den Garten.

 Durch die Vertreibung des Menschen aus dem Paradies hat auch Gott eine Menge verloren, nämlich den ursprünglich engen Umgang mit dem Menschen. Wünschen sich Gott und Mensch beide zurück ins Paradies? Da ist einerseits die Sehnsucht nach der „heilen Welt" – aber andererseits ist das Autonomiebestreben des Menschen sehr stark. Viele Menschen vermissen offensichtlich die enge Bindung an Gott überhaupt nicht.

Die Sehnsucht nach dem Paradies ist genauso ambivalent wie die Antwort auf die Fragen, ob der Auszug aus dem Paradies nicht vielleicht sogar eine Befreiungsgeschichte, auf jeden Fall aber eine Entwicklungsgeschichte, ist und wie es überhaupt zum Verlust des Paradieses kommen konnte.

In dem Film *Matrix* erfährt der Protagonist Neo, dass die Welt, in der er zu leben glaubt, lediglich eine Simulation ist und er nur ein gefangener Sklave in dieser computergenerierten

Traumwelt, dieser sogenannten Matrix, ist. Ihm wird die Befreiung daraus angeboten und er wird vor die Wahl gestellt, durch Einnahme einer blauen Pille in der Illusion zu verbleiben oder durch Einnahme einer roten Pille die Wahrheit über die Matrix zu erfahren. Ist die Vertreibung aus dem Paradies solch eine rote Pille, die einen in die Wirklichkeit katapultiert, damit die menschliche Handlungsfähigkeit der Welt gegenüber erst herstellt, aber auch herausfordert und die schöne Illusion beendet?

 Im weiteren Verlauf des Films wird ein Charakter vorgestellt, der Erkenntnis und Handlungsfähigkeit zwar gewonnen hat, jedoch im Nachhinein bereut, sich nicht für die blaue Pille entschieden zu haben. Er wünscht sich zurück in einen Zustand seligen Nichtwissens – ist dies eine Beschreibung eines paradiesischen Urzustands? Die TN können darüber nachdenken oder gemeinsam diskutieren, was sie mit dem Wort „Paradies" verbinden.

Der Drang nach menschlichem Wissen und Erkenntnis der Wahrheit hat einen Preis. Bruno Latour formuliert es so: „Glaube ist, was einen ergreift; Erkenntnis das, was man ergreift." Damit wird die Welt scheinbar handhabbar und zu einem nicht mehr handlungsfähigen Objekt menschlicher Erkenntnis. Der Mensch wähnt sich durch wissenschaftlichen und technischen Fortschritt in der Lage, das verlorene Paradies selbst wiederherzustellen. Latour schreibt dazu: „Im Wunsch, das PARADIES auf ERDEN zu verwirklichen, gelingt einem nichts anderes, als die HÖLLE auf ERDEN zu verwirklichen – nicht immer für sich selbst, aber ganz sicher für die anderen" (aus: Bruno Latour: *Kampf um Gaia,* S. 355.)

Sehr schön beschreibt Eric-Emmanuel Schmitt in *Das Evangelium nach Pilatus,* wie sich die Geschichte der Vertreibung aus dem Paradies biografisch in jedem Menschenleben ereignen kann. „Wie alle Kinder hatte ich mich zunächst mit Gott verwechselt [...] Ich fühlte mich wie ein König, für alle Ewigkeit mit allem Wissen und aller Macht gesegnet. Glückliche Kinder neigen dazu, sich für Gott zu halten. Mit dem Größerwerden wurde ich immer kleiner [...] Erwachsen wurde ich durch Verletzungen, Gewalt, Kompromisse und Enttäuschungen. Das Universum verlor seinen Zauber. Was macht den Menschen aus? Nicht können. Nicht wissen. Nicht alles tun können. Nicht unsterblich sein."

In diese Ambivalenz menschlicher Selbstwahrnehmung stellt der Text Leser*innen, damit sie mit Adam Gott Fragen stellen: Hat Gott nicht auch die Schlange gemacht und auch den Baum? Wenn sie nicht vom Baum der Erkenntnis essen sollen, warum gibt es ihn überhaupt? Und wenn sie nicht vom Baum des ewigen Lebens essen sollen, was ist das für ein Paradies, in dem der Tod schon von Anfang an dazugehört? Mit diesen unausweichlichen Fragen stellt der Text sich damit an unsere Seite, an die Seite der Fragenden und Zweifelnden. Er zeigt uns aber auch, wo wir stehen. Er lädt dazu ein, ja, fordert dazu heraus, solche Fragen zu stellen. Das Misstrauen ist in der Welt und lässt sich nicht mehr einfach so ungeschehen machen. Wir müssen uns mit den Fragen und der einhergehenden Ambivalenz auseinandersetzen, um den Kontakt zu uns, zueinander und zu Gott nicht zu verlieren.

Eine hilfreiche Sichtweise auf die Frage, warum Gott mit den beiden verbotenen Bäumen eine Grenze setzt, findet sich in der Kabala, in der Idee des *ZimZum:* „ZimZum" bedeutet Konzentration oder Kontraktion. Gott zieht sich zurück, damit überhaupt erst ein Raum entsteht, in dem er die Welt erschaffen kann, weil vorher Gott alle in allem war. Gott begrenzt sich also selbst. Diese freiwillige Selbstbegrenzung ist die Möglichkeit und die Bedingung aller liebevollen Beziehungen. Wenn also Gott sich selbst begrenzt, um dem Menschen und der Schöpfung Raum zu geben, dann bittet er den Menschen auch darum, sich selbst zu begrenzen, um Raum für Beziehung und Respekt und Liebe zu schaffen. Die Bäume sind also ein Lernfeld, an dem Menschen entdecken sollen, dass lieben immer auch bedeutet, den anderen freizugeben und ihnen zu vertrauen. Anderen Raum zu schaffen, ist die Bedingung für gelingende Beziehungen. Gott lebt es den Menschen vor und schenkt es ihnen immer wieder („Du stellst meine Füße auf einen weiten Raum").

Wer also ist Gott?

Zunächst beschreibt der Text einen sehr nahen und persönlichen Gott, einen emotional involvierten Gott: voller Freude, enttäuscht, wütend, besorgt. Gott stellt explizit oder implizit dem Menschen Fragen: Wie heißen die Tiere? Welches passt zu dir? Wo bist du? Was ist passiert? Wer hat dir das gesagt? Gott ist also nicht „allwissend". Mit den Fragen gestaltet Gott die Beziehung zwischen sich und seinem Geschöpf. Es ist der Versuch, nah bei den Menschen und deren Bedürfnissen zu bleiben. Gott spricht die Menschen auf ihre Verantwortlichkeit an. Gott ist auch in seiner Enttäuschung noch zugewandt und fürsorglich. In zärtlicher, fast intimer Weise kleidet er die Menschen ein, damit sie aus ihrem Versteck herauskommen können und eine neue Beziehung zwischen Gott und Mensch möglich wird – ebenso wie zwischen Mensch und Mensch.

 Überlegen Sie mit den TN wofür „nackt sein" stehen kann: Mit welchen Gefühlen ist es verbunden? Wie kommt das? Wie hängt es mit „weise sein" zusammen? Dann überlegen Sie mit den TN, welche Bedeutung dann Kleidung hat. Wer sich kleidet, hat ein Bewusstsein für sich selbst, schützt die eigenen Grenzen – es entsteht ein Abstand und aber auch Beziehungsfähigkeit. Gott macht den Menschen eine „zweite Haut", eine „dickere Haut" damit sie mit ihrer Nacktheit in der Welt und mit der Welt und mit sich selbst klarkommen.

Die Dichterin und Liturgikerin Cole Arthur Riley schreibt: „Diese Hand Gottes, die dem zitternden Adam und Eva Kleidung machte, tut alles, damit wir uns wieder ein bisschen näher an Gott und aneinander herantrauen. Ich bete dafür, dass Gottes Nähte halten!"(aus: *This here flesh*, S. 15) Der Text spiegelt also die existentielle menschliche Erkenntnis, letztlich ungeschützt und alleine zu sein, und gleichzeitig die spirituelle Erfahrung, damit und darin von Gott an- und aufgenommen zu sein.

Wer also ist der Mensch?

Soziales Wesen
Klassisch würde man wahrscheinlich aus dem Bibeltext als erstes die Dualität und Bezogenheit des Menschen als Mann und Frau herauslesen. Zunächst ist der Mensch in Genesis 2-3 aber kein Wesen mit Geschlecht – weder männlich noch weiblich. Was macht dann das Menschsein aus? Konstitutiv für das menschliche Sein ist es, eine Aufgabe zu haben: den Garten zu bewahren und zu hegen. Und konstitutiv für das menschliche Sein ist, in Gemein-

schaft zu leben. Sowohl mit Gott als auch mit den Mitgeschöpfen und natürlich vor allem mit den Mitmenschen.

„Es ist nicht gut, dass der Mensch allein sei." Das ist eine für uns sehr nachvollziehbare Grundaussage über das Menschsein. Für viele Menschen ist ein *Haustier* eine echte „Bezugsperson". Der Unterschied zwischen Tier und Mensch ist für uns nicht mehr so eindeutig und grundlegend, wie er in diesem Text dargestellt wird – weder im persönlichen Verhältnis, noch im wissenschaftlichen Verständnis.

 Welche Rolle spielen Haustiere für die TN? Was macht das Tier „menschlich"? Was unterscheidet den Menschen vom Tier? Diskutieren Sie mit den TN beide Seiten dieser Beziehung.

Im Gärtnern finden Menschen bis heute eine sehr sinnvolle *Lebensaufgabe*. Es gehört zum Menschsein dazu und es ist nach wie vor befriedigend und existenziell. In den social media kursiert ein Spruch, der als Ratschlag für Menschen gemeint ist, die sich unglücklich in Problemen verrannt haben oder die den Bezug zur Realität verloren haben: „Go and touch some gras!" Das Berühren des Erdbodens wirkt in der Tat stimmungsaufhellend, weil sich im Erdboden Wohlfühlhormone befinden. Gleichzeitig zeigt uns aber auch der Krieg in der Ukraine, wie anfällig unsere Welt auch heute noch ist, wenn Felder nicht bestellt und Weizen nicht angebaut werden kann. Die dann drohenden Hungersnöte sind sehr existenzbedrohend. Der Anbau mag nicht mehr so mühsam sein wie in früheren Zeiten, aber wir sind noch immer genauso davon abhängig, dass er gelingt.

Die Fluchworte aus Gen 3 wurden über ihr Zitat in 1. Tim 2,11-15 zur göttlichen Bedingung eines christlichen Lebens überstilisiert. Sie wurden benutzt, um vor allem Frauen Unterstützung gegen die Schmerzen bei der Geburt zu verwehren und eine Vorherrschaft des Mannes über die Frau abzuleiten. Dabei spiegeln sie doch nicht Gottes Wunsch für die Menschen wider, sondern eben die Lebensbedingungen in gestörten Beziehungen. Die Aufgabe ist es, diese Beziehungen, soweit es in unserer Macht steht, wieder ins Lot zu bringen und das Projekt *„Menschwerdung"* voranzutreiben. Im NT steht Jesus für den neuen Adam, der uns auf dem Weg zur Menschwerdung vorangeht und uns anleitet, selbst darin zu wachsen. Durch ihn heilen die zerbrochenen Beziehungen und wird eine Rückkehr in geheilte Beziehungen zu Gott, zu einander und zur Schöpfung möglich. Wie Luther anlässlich der Geburt von Jesus dichtet: „Heut schleußt er wieder auf die Tür zum schönen Paradeis, der Cherub steht nicht mehr dafür. Gott sei Lob, Ehr und Preis."

Ich finde es sehr schön und tröstlich, dass diese Menschwerdung sich an die Menschschöpfung anlehnen darf und deshalb auch im *Schlaf* geschehen kann. Der Schlaf ist eine enorm wichtige, kreative und heilsame Zeit, in der wir im Segen Gottes ruhen. Ebenso schön ist, dass *Liebespaare* einander in dieser gebrochenen Wirklichkeit ein Trost „jenseits von Eden" sind, eine Verheißung auf die Vollendung der Liebe durch Gott selbst. Zugleich steht Gen 3 auch sehr eindrücklich für die Erfahrungen, dass Liebe schwierig ist und Beziehungen immer vom *Scheitern der Liebe* bedroht sind.

Die in Gen 3 beschriebene Schuldverschiebung von einem zum anderen ist ein deutliches Kennzeichen gestörter Beziehungen. Ein aktuell sehr anschauliches Beispiel dafür ist die Wahrnehmung und Berichterstattung über die Aktionen der „Letzten Generation". Die lauten und empörten Aufschreie gegen ihre Aktionen lenken davon ab, dass Politik und Gesellschaft ihrer Verantwortung für die Natur und für die kommenden Generationen nicht gerecht geworden sind und auch jetzt noch weitgehend untätig bleiben. Statt die eigene Verantwortung anzuerkennen und zu übernehmen, ist es viel einfacher andere zu beschuldigen.

Lebendig und sterblich

Der Mensch ist sich seiner Sterblichkeit bewusst und lebt mit dem Stachel dieser Erkenntnis. Die Frage nach Tod und Sterben wird in den Texten von Genesis 1–11 immer wieder gestellt. Hier (und in Text 4) wird deutlich, dass Fruchtbarkeit und Unsterblichkeit keine gute Kombi sind. Wie soll sich denn das Leben weiterentwickeln, ohne dass etwas stirbt? Der Staub des Erdbodens, der dem Menschen seinen Namen gibt (Adam/*adama*), verbindet ihn mit allen Geschöpfen und ist bis heute ein Bild für die Vergänglichkeit, das wir bei Beerdigungen in Szene setzen, um uns die eigene Vergänglichkeit vor Augen zu führen.

Dazu schreibt Thea Dorn in ihrem Briefroman „Trost": „Ich weiß jetzt, dass sich das Leben nur umarmen lässt, wenn ich bereit bin, auch den Tod zu umarmen. Ich weiß jetzt, warum der Mensch zwei Arme hat – damit er die größtmöglichen Widersprüche an seine Brust drücken kann: Leben und Tod, Festhalten und Loslassen; Kampf und Kapitulation; Rebellion und Ergebenheit" (S. 161). In diesem Sinne feiert auch der Bibeltext das Leben. Dafür bietet der Text verschiedene Bilder an: den Atem, der aus dem Atem Gottes fließt, Wasser und Bäume, die für das Leben stehen und lebensspendend sind, Eva, als Mutter allen Lebens, das Wunder (und die Mühen) der Geburt von neuem Leben.

 Laden Sie die TN zu einer Meditation über das Leben ein. Beginnen Sie mit einer Atemübung, in der die TN zunächst bewusst ihren Atem wahrnehmen. Zitieren Sie dann Gen 2,7: „Da formte Gott, der HERR, den Menschen, Staub vom Erdboden, und blies in seine Nase den Lebensatem. So wurde der Mensch zu einem lebendigen Wesen". Bitten Sie die TN, weiter auf ihren Atem zu achten und dabei daran zu denken, dass sie mit jedem Atemzug das Leben in sich aufnehmen, Gottes Atem in sich aufnehmen, der Kraft des Lebens und Gott selbst in sich Raum geben. Legen Sie anschließend je eine Schale mit Staub/Erde, eine Schale mit Wasser und eine Schale mit Blättern/Blumen in die Mitte. Bitten Sie die TN, zunächst für sich in der Stille diese Elemente wahrzunehmen und in ihnen das Leben zu entdecken. Bitten Sie die TN anschließend, ihre Entdeckungen, sofern sie das wollen, mit den anderen zu teilen. Im Anschluss formulieren sie ein Dankgebet über die Kraft des Lebens in uns, die uns von Gott geschenkt ist.

Gut und böse

Der Text spricht den Menschen als moralisches Wesen an. Laut Nietzsche liegt in der Fähigkeit, ein Versprechen zu geben, die Geburtsstunde von Moral und menschlicher Verantwortung. Wir sind unausweichlich Entscheidungsträger*innen. Menschen entscheiden unentwegt zwischen Gut und Böse, zwischen richtig und falsch, zwischen lebensfördernd und bedrohlich. Diese Entscheidung zu treffen und sich entsprechend zu verhalten, scheint allerdings für den Menschen nicht so einfach zu sein, denn erfolgreich ist er damit oft nicht gewesen. Jedenfalls erzählen die Texte davon, wie der Mensch immer wieder daran scheitert. Wissen was gut und böse ist macht einen wesentlichen Teil der göttlichen Ebenbildlichkeit der Menschen aus. Reut es Gott, uns so geschaffen zu haben? Sieht Gott das Dilemma und hat Angst vor der eigenen Courage? Aus dem liebevollen Miteinander wird ein Machtspiel: Wer hat die Schuld? Wer hat Recht? Wer hat das Sagen? Dieses Gerangel wird zur neuen Grundregel der Welt. Es ist ein Kampf aller gegen alle.

Die Geschichten stellen unsere Situation vor Augen, aber sie erzählen auch davon, dass wir die Wahl haben und uns immer neu entscheiden können. Wir müssen Machtspiele nicht mitspielen!

Liedvorschläge

* Gut, dass wir einander haben
* Da wohnt ein Sehnen tief in uns
* Liebe, die du mich zum Bilde deiner Gottheit hast gemacht
* Mir ist Erbarmung widerfahren

2.3 Vorschlag für eine Bibelarbeit

Eleonore Reuter

Vorbereitung

Inhaltlicher Schwerpunkt

Die Figur „Eva" hat über die Jahrhunderte hinweg bis heute erhebliche Auswirkungen auf das Frauenbild. Dieses Bild soll mit dem biblischen Text verglichen und kritisch hinterfragt werden. Der Schwerpunkt liegt auf Gen 3, wobei deutlich gemacht werden soll, dass es sich nicht um eine „Sündenfallerzählung" handelt.

Verbindung zu anderen Einheiten

Die Bibelarbeit weist Verbindungen zu 1. Einheit (Erschaffung der Menschen als weiblich und männlich) und zur 3. Einheit (Nachkommen Evas) auf.

Materialien und Medien
- → Liedzettel
- → Arbeitsblatt mit der Übersetzung von Gen 3, auf dem die direkte Rede hervorgehoben ist.
- → Flipchartpapier und Marker
- → Werbung/Poster für Duft der Marke Joop „All about Eve", das neben einem apfelförmigen Flacon eine Frau zeigt. (**https://kurzelinks.de/9dgw**)

Zur Gestaltung des Abends

Liturgische Eröffnung

Gebet
> Guter Gott,
> wir haben uns hier versammelt, um die Heilige Schrift zu lesen und zu studieren.
> Sende uns deinen Geist, dass wir in den Buchstaben dein Wort entdecken.
> Öffne unsere Ohren, damit wir auf das Wort und aufeinander hören.
> Öffne unsere Herzen, dass wir seinen Sinn verstehen.
> Öffne unseren Verstand, damit wir erkennen,
> wie sich durch unser Tun das Leben entfalten kann.
> Du, Gott, sei in unserer Mitte. Amen.

Lied
Gott gab uns Atem

Auf den Text zugehen (ca. 15 Min.)

Die Leitung zeigt ein Werbeplakat für das Parfüm „All about eve". Die TN sammeln Elemente des Plakats, die mit „Eva" zu tun haben. Es schließt sich ein Gespräch an, was gemeint ist, wenn man ein Mädchen oder eine Frau als „richtige (kleine) Eva" bezeichnet. Wichtige Stichworte notiert die Leitung auf einem Flipchart. Im anschließenden Gespräch wird reflektiert, welche Auswirkungen die biblische Erzählung von den Menschen im Garten auf das heutige Frauenbild hat.

Dem Text begegnen (ca. 45 Min.)

Die TN erzählen Gen 2f aus dem Gedächtnis. Die einzelnen Szenen – zu erkennen an einem Wechsel der handelnden Person – werden notiert. Die Leitung ergänzt oder korrigiert und erklärt kurz die Bedeutung von *adam* (s. Exegese auf S. 44). (ca. 10 Min.)

Alle erhalten eine Kopie von Gen 3, in der die direkte Rede hervorgehoben ist. Der Text wird mit verteilten Rollen (Erzähler*in, Gott, Schlange, Mensch, Frau) laut vorgelesen. (ca. 5 Min.)

In Kleingruppen von je ca. 4 bis 5 Personen beschäftigen die TN sich mit folgenden Arbeitsfragen (15 Min.):

1. Vergleichen Sie Gen 2,16f mit Gen 3,1. Wie verändert Schlange (Im Hebräischen maskulin!) das göttliche Gebot? Lügt die Schlange? Wie verhält die Frau sich?
2. Was verändert sich für die Menschen, nachdem sie die Frucht gegessen haben?
3. Vergleichen und bewerten Sie die Lebenssituation der Menschen vor der Erkenntnis und danach, am Ende des Kapitels.
4. Wäre es gut, wenn die Menschen vom Baum des Lebens essen könnten?
5. Wie verstehen Sie V. 20?

In der Gesamtgruppe werden die Beobachtungen zu den Fragen 1 bis 4 wertschätzend besprochen (ca. 15 Min.). Es ist zu erwarten, dass es zu gegensätzlichen Bewertungen kommt. Nicht das „richtige Ergebnis", sondern eine nachvollziehbare Interpretation des Textes ist angezielt – Maßstab ist immer der Text. Der Umgang mit diesem Austausch kann viel Fingerspitzengefühl erfordern, da hier tiefliegende Gefühle und (unbewusste) Glaubenssätze aufeinandertreffen können. Aufgabe der Leitung ist es, aufgeheizte Streitgespräche ohne Argumente zu verhindern.

Mit dem Text weitergehen (ca. 15 Min.)

In diesem Arbeitsschritt geht es darum, auf der Grundlage von V. 20 (Arbeitsauftrag 5) ein verändertes Bild von „Eva" zu entwickeln. Dazu werden die TN gebeten, den Satz „Eva als Mutter alles Lebendigen ist für mich wichtig, weil ..." zu ergänzen. Das Ergebnis wird neben die Assoziationen zu „Eva" aus der ersten Arbeitsphase gehängt. Die TN ziehen für sich persönlich ein Fazit, indem sie den Satz „Mich bewegt jetzt ..." fortführen. Als Abschluss dieser Phase eignet sich sehr gut der Text „Freispruch für Eva" von Christa Peikert-Flaspöhler.

Freispruch für Eva

Eva, Frau in der Frühe der Zeit,
so schön und so gut bist du, dass Adam dich anschaut und liebt,
du freust dich unbefangen an deiner und seiner Liebe, Geschenke von Gott,
und die Schlange, Heilkraft der Göttin verkörpernd, wohnt neben eurem Lager.
Eva, Mutter aller Lebendigen,
ich sehe dich nicht mehr mit den Augen verwundeter Männer,
mit Augen, geblendet von Machtsucht und Stolz
Eva, ich bin deine Tochter und Schwester,
begabt mit Brüsten und Schoß, beschenkt mit Seele und Geist,

durchströmt von Sehnsucht und Liebe,
erfüllt von Staunen und Hoffen,
verschwistert mit allem, was lebt.
Eva, du hast nicht den Tod zu den Menschen gebracht,
Mutter aller Lebendigen,
nicht die Schuld vererbst du an uns,
du schenkst die Kraft und Bereitschaft weiter, ganz für das Leben zu sein.
Eva, ich spreche dich frei,
ich weise den Rufmord zurück, der Ehre und Freiheit dir abschnitt.
im Dienste männlicher Herrschlust dich zum Freiwild erklärte
und zur stimmlosen Magd bis zum heutigen Tag.
Zur Ganzheit sind wir geboren als Töchter Gottes.

© Peikert-Flaspöhler, Christa: Heute singe ich ein anderes Lied, rex verlag luzern, 1992

Liturgischer Abschluss

Lied
„Spielt nicht mehr die Rolle" von Friedrich Karl Barth, Peter Horst und Peter Janssen.

Alternative zum Vaterunser
　　Vater und Mutter bist du uns.
　　Nahe auch aus der Ferne deiner Verborgenheit.
　　Dein Name ist uns heilig.
　　Verwandle die Welt in dein Reich.
　　Gestalte sie nach deinem Willen – auch unter uns.
　　Gib uns, was wir brauchen
　　und zeige uns, dass es oft weniger ist, als wir dachten.
　　Löse uns aus der Verstrickung in Wünsche
　　und Sehnsüchte, die uns unfrei machen.
　　Lass uns für andere da sein, wie du für uns da bist.
　　Lass uns anderen so nachsichtig und fürsorglich begegnen, wie du uns begegnest.
　　Mache uns frei, in Offenheit, Gegenseitigkeit und Zugewandtheit zu leben.
　　Denn du bist die Kommende:
　　Bei dir ist die Kraft.
　　Du bist heilig. Jetzt und alle Zeit.
　　Amen.

aus: Mirjamsonntag 2011, Verführe uns Eva zum Leben, Arbeitsstelle Gottesdienst der Evang. Kirche im Rheinland

Segen
　　Gott, Schöpfer, Befreier und Bewahrer, segne Euch.
　　Gottes weltbewegende Dynamik setze Euch in Bewegung.
　　Gottes Leben spendende Kraft stärke Euch, damit sich Eure Kraft entfalten kann.
　　Gottes Weisheit schenke Euch Erkenntnis für die Gestaltung der Welt.
　　Gottes Liebe verbinde Euch zu einer großen Gemeinschaft.
　　So segne Euch Gott, Vater, Sohn und Heilige Geistkraft. Amen.

2.4 Bildbetrachtung

Johannes Beer

Friederike Kirchner: Genesis 2,4b-4,1 – Eva, Öl auf Leinwand, 2022, 40,5 x 32,5 c

Dieses Bild ist durch einen Verlauf vom Hellen zum Dunklen geprägt. Links unten ist es fast weißes, strahlendes Licht. Im rechten oberen Bereich ist es sehr dunkel. Nur durch einzelne Sterne erleuchtet senkt sich dunkelblau und schließlich fast schwarz die Nacht herab.

Im Mittelpunkt des Bildes steht ein Baum. Auch er ist hell ins Bild gesetzt. Zartes Grün ist in der unregelmäßigen Krone zu erkennen. Einige Früchte sind in Rot angedeutet und aufs Bild getupft. Eine Frucht allerdings tritt nahezu plastisch hervor. Sie hängt unterhalb der Krone von einem Ast herab in den dunkleren Bereich hinein, der hier mit wenig Schwarz und bewegten Rot- und Violetttönen eine Landschaft andeutet. Die Frucht leuchtet rot mit aufgesetzten hellen Lichtern und zieht den Blick auf sich. Sie erinnert mich deutlich an einen Apfel.

Unter dem Baum stehen zwei Menschen. Wieder sind sie nur mit wenigen Linien ins Bild gesetzt worden, hell und vom Licht erfüllt, das in ihrem Rücken leuchtet. Auch auf diesem Bild haben die beiden den Kopf leicht erhoben und schauen auf ein gemeinsames Ziel. Sie haben die rote Frucht des Baumes in den Blick genommen. Beide haben ihre Arme ausgestreckt, wenn auch eine von beiden nur so halb. Beide haben ihre Hand geöffnet und es scheint so, als ob sie gleich pflücken und sofort essen möchten.

Auch auf diesem Bild ist in der linken oberen Ecke ein Gesicht zu erkennen. Aber es ist nicht im hellen lichten Raum dargestellt, sondern scheint im nebeligen Blau zu verschwimmen. Dieses Mal sehen wir es von vorne. Wir erkennen Augen, Nase und Mund. Die Augen schauen aus dem bläulich dunstigen Nebel auf die Szene. Aber die Menschen erwidern diesen Blick nicht. Sie haben sich der Frucht zu – und damit von dem Gesicht – abgewandt. Sie haben es – von ihnen aus gesehen – links liegen lassen.

Der Baum der Erkenntnis steht mitten im Bild und die Menschen haben nur noch Augen für dessen Frucht. Das Gesicht Gottes ist da, denn Gott ist da und sieht seine Menschen. Diese aber haben sich abgewandt. Sie haben Gott und seinen Willen nicht mehr im Blick, sondern sind auf die Frucht konzentriert. Sie verlassen damit den lichten Bereich des Paradieses und gehen auf die dunklen Seiten der Welt zu. Gottes Licht wird verdunkelt.

Aber da ist das Lamm auf dem Bild. Dieses Lamm steht im Licht und damit auf der Seite Gottes. Hier schaut das Lamm Gottes, Jesus Christus, wie der Mensch sich von Gott abwendet.

3 | Fluch und Schutz

3.1 Exegese

Michaela Bauks

Die Erzählung von Kain und Abel ist eine Geschichte über den Ausbruch von Gewalt unter Menschen. Zugleich werden aber unterschiedliche Formen menschlichen Erkennens geschildert. Allerdings kommt das hebräische Verb für „erkennen" in dieser Erzählung nur in übertragener Bedeutung vor: Der Mensch „erkennt" Eva und sie wird schwanger (V. 1). Der weitere Verlauf zeigt, ohne das Verb zu verwenden, dass wie das Menschenpaar in Gen 2 auch Kain die Erkenntnis von Gut und Böse, um nämlich das Richtige zu tun (V. 7), verfehlt. Wie bei seinem Vater führt auch sein „Erkennen" hin zur Fortpflanzung (V. 17.25), was – wenn auch in ambivalenter Weise – die sich anschließende Namensliste breit illustriert.

Der Text und seine Struktur

Im Zentrum unserer Aufmerksamkeit steht in Gen 4 die Erzählung von einer schweren Gewalttat unter Brüdern: Kain tötet Abel. Die genauen Umstände bleiben ungenannt. Wir erfahren weder, warum Gott Kains Opfer ablehnte, was erst dazu führte, dass „sein Blick sich senkt" (Gen 4,5), noch sind die Umstände rund um Abels Tod auf dem Felde geklärt. Was wurde geredet? Gab es Streit zwischen den Brüdern, gab es Verrat? Am Ende von V. 8 erfahren wir lediglich, dass Abel tot ist. Als Gott Kain nach dessen Verbleib fragt, versucht sich dieser aus einer Antwort herauszuwinden: „Bin ich denn der Hüter meines Bruders?" – so wie der Bruder Hüter der Herden war? Damit offenbart er, wie weit er sich von der ursprünglich bewahrenden Funktion des Menschen (*šmr* „behüten, bewahren" in Gen 2,15) entfernt hat. Ja, Kain nimmt seine Verantwortung für die Welt nicht wahr. Außerdem wird deutlich: Es wird einsam um ihn. Zudem schreit seines Bruders Blut, das den Ackerboden (*adama*), von dem er wie schon der erste Mensch (*adam*) lebt (vgl. Gen 3,17-19), vergiftet. So wird er dazu verdammt, seinen Lebensraum und die Quelle seines Unterhalts verlassen zu müssen. Gott hört Kains Klage über sein Schicksal und wendet sich ihm zu (4,13ff). Er hilft ihm sogar, ihn vor etwaigen Bluträchern zu bewahren (V. 15), indem er ihm das „Kainsmal" verleiht und damit droht, jeden zu töten, der Kains Tat rächen will. In einer Kultur, in der für vorsätzlichen Mord die Todesstrafe gilt (Ex 21,12), um eine Tat, die die ganze Gemeinschaft beeinträchtigt, zu sühnen, ist diese Ausnahme besonders hervorzuheben: Denn die Erzählung schildert nichts anderes als, dass der erste Totschlag, von dem die Bibel berichtet, von den sonst üblichen sozialrechtlichen Bestimmungen ausgenommen wird und die göttliche Gnade erfährt.

> **Die Todesstrafe fällt unter das Konzept der Rache und „ist im biblischen Sprachgebrauch ein Begriff des Rechts und bezeichnet das Eingreifen der für die Wahrung der Rechtsordnung zuständigen Autorität, die den Täter gerecht bestraft und dem Opfer zu seinem Lebensrecht verhilft. Ein begangenes Unrecht wird also durch Bestrafung ausgeglichen und damit aufgehoben (vgl. die Maxime der Talion in Ex 21,12-14.23-25)"**
> **(R. Brandscheidt; s. auch J. Schnocks)**

Gott stellt sich auf Kains Seite und rettet ihn vor der erwartbaren Strafe, hebt aber sein schweres Schicksal nicht auf, das ihn von seinem Land in das Land der „Heimatlosigkeit" (d. h. Nod) vertreibt. Der Fluch, der in der Paradieserzählung noch das Ackerland trifft (Gen 3,14), überträgt sich jetzt auf den Ackerbauern Kain (Gen 4,11). Seine Wirkmacht wird erst am Ende der Namensliste in Gen 5 durch Noah als überwunden in Aussicht gestellt (s.u. zur Namensätiologie in 5,29). Gewissermaßen ist so dem negativ gezeichneten Charakter Kains in der Brudermorderzählung die Figur Noahs positiv gegenübergestellt.

Auch wenn die Erzählung von Kains Tat zentral erscheint und die sich anschließenden Genealogien – was bereits die Gattung der Liste mit sich bringt – gern überlesen werden, sind sie theologisch gesehen im Kontext der Urgeschichte durchaus relevant. **Eigentlich bestätigt die Geschichte nur, was Gen 2–3 bereits zur Genüge dargelegt hat: Trotz der Warnung Gottes (Gen 4,5f) erkennt auch Kain nicht, was richtig und was falsch ist** (Gen 4,7). Er bleibt in seinem Unverständnis und seiner Trauer, die aus der empfundenen Ablehnung entstanden ist, gefangen. Er schlägt die Warnung Gottes, gut zu handeln, in den Wind. Schließlich handelt er proaktiv, indem er seinen Bruder – vielleicht im Affekt, vielleicht mit Vorsatz, das erfahren wir nicht – tötet (Gen 4,8). Wie bereits das erste Menschenpaar will auch er sich nicht recht zur Verantwortung ziehen lassen (4,9), doch Gott stellt ihn in einem Verhör und verflucht ihn (V. 9-12; vgl. Gen 3,9-13). Erstmals trifft der göttliche Fluch einen Menschen (vgl. Gen 3,14 Schlange, V. 17 Acker). Doch ähnlich wie die göttliche Drohung nicht eintritt, dass der Mensch im Falle der Übertretung sogleich sterbe (Gen 2,17), so werden auch in Gen 4 die Konsequenzen der Strafe abgemildert: Der verfluchte Täter bleibt am Leben und erhält ein Zeichen, das ihn als schutzwürdig auszeichnet. Dennoch hat Kain verloren: seinen Bruder, seinen Lebensraum, seine Nähe zu Gott. Doch er bleibt am Leben. An diesem Punkt wechselt die Stoßrichtung: Denn die sich anschließende Liste enthält wichtige Hinweise darauf, dass sich das menschliche Leben weiterentwickelt. Wie der nackte Mensch in Gen 3,10.21 Kleidung erhält – ein erster Hinweis auf zivilisatorische Entwicklung –, so wird der entwurzelte Kain zum Städtebauer, einem einschlägigen Beweis für kulturellen Fortschritt. Auch seine Kindeskinder entwickeln die Formen menschlichen Lebens weiter, wenn sie als Hirten in Zelten leben, Musikinstrumente bauen oder Eisenverhüttung lernen (4,20-22). Genealogie und Technogonie gehen also Hand in Hand. Allerdings sind die zivilisatorischen Errungenschaften nicht nur positiv zu bewerten, denn sie gehen einher mit einem sich weiter ausbreitenden Hang zu Gewalt. Wenn wir bei Kain nicht genau erfahren, aus welchen Beweggründen er tötete – was im Zweifelsfall für den Angeklagten plädieren lässt–, ist Lamechs Fall hingegen eindeutig: Er ist ein kriegerischer Rowdy, der auf menschliches Leben keinerlei Rücksicht nimmt und außerdem mit seinen Taten prahlt (4,23f). Der Leserschaft wird klar, dass die anfangs gute Schöpfung (Gen 1,31) in eine Abstiegsspirale geraten ist, die nach einem göttlichen Eingreifen schreit.

Strukturskizze von Gen 4,1-26

Der Mensch zwischen Fluch und Segen

Bereits der in Gen 4,17 genannte Kain, der die Genealogie anführt, hebt sich von dem zuvor beschriebenen Brudermörder ab. Dieser ist nicht mehr einsam, sondern wird Vater und ist zudem mit dem Städtebau in Verbindung gebracht. Städtebau ist im Alten Orient eine wichtige, eigentlich königliche Institution, die dazu dient, den eigenen Ruhm zu mehren und gleichzeitig eine Struktur zu schaffen, die auch den Göttern Heimat geben kann. Denn den Mittelpunkt altorientalischer Städte bilden die Tempel, in denen die Götter von den Menschen verehrt und versorgt werden. Das bedeutet, dass Kain zum Wegbereiter menschlicher Zivilisation wird, deren Entwicklung in den nachfolgenden Versen noch weiter ausdifferenziert ist: Halbsesshafte Nomaden mit ihren Herden, das Musik- und das Schmiedehandwerk, das in der sog. Eisenzeit (ca. 1000 v.Chr.) in Palästina aufkam, zeigen wichtigen zivilisatorischen Fortschritt an. Parallel dazu entwickeln sich aber auch zwielichtige Figuren wie Lamech, der mit exzessiver Gewalt prahlt. Der von ihm überlieferte Spruch (V. 23f) „Ja, einen Mann erschlage ich für meine Wunde / und ein Kind für meine Strieme. 24 Wird Kain siebenfach gerächt, / dann Lamech siebenundsiebzigfach." scheint auf den ersten Blick eine Abwandlung des göttlichen Zuspruchs an Kain in Gen 4,15 zu sein. Tatsächlich zeigt der Spruch in seiner Übertreibung nicht nur die Unverhältnismäßigkeit seines Gewalthandelns an, sondern scheint zudem die göttliche Gnade an Kain im Gegenzug zu seiner Tat als selbstverständlich vorauszusetzen oder aber selbstgerecht gar nicht für nötig zu erachten. Damit wird die Zusage Gottes an Kain geradezu pervertiert. Der Vers illustriert in knapper Weise, was in der Fluterzählung zum Anlass des göttlichen Strafgerichts wird: „Der Herr aber sah, dass die Bosheit des Menschen gross war auf Erden und dass alles Sinnen und Trachten seines Herzens allezeit nur böse war" (Gen 6,5).

Diese negative Seite des Menschseins ist in Lamech verkörpert, während seine Söhne mit ihren kulturellen Errungenschaften, die auf zivilisatorischen Fortschritt hinweisen, positiv gezeichnet sind. Doch mit der Metallgewinnung geht die Möglichkeit des Waffenbaus einher. Es ist auffällig, wie die negativen Züge menschlichen Verhaltens mit den konstruktiven Eigenschaften und Fertigkeiten parallelgehen, denn daraus ergibt sich auch, dass der Drang nach Erkenntnis und Fortschritt nicht grundsätzlich negativ bewertet ist, aber des Rückbezugs auf Gott als Orientierungshilfe bedarf (vgl. Gen 4,7-8). **Sünde meint in Gen 4,7 weniger die Einzeltat, die Kain dann tatsächlich ausführt, als die Versuchung des Menschen, sich von Gott abzuwenden und darin die Aufgabe des vicarius in der Welt aus den Augen zu verlieren, sich ins Zentrum zu setzen.** Darin schadet er nicht nur dem Mitgeschöpf und der Schöpfung an sich, sondern auch sich selbst. Denn Kains Tat setzt eine Unheilsspirale in Gang, die ihn zu Angst und Einsamkeit verdammt und von seinem angestammten, unfruchtbar gewordenen Ort vertreibt.

Lichtgestalten aus der Zeit vor der Flut

Bedeutsam ist, dass von Enosch (ein zweites hebräisches Wort für „Mensch" neben *Adam*) gesagt wird, dass er der erste war, der den Gott Israels (JHWH) verehrte (4,26b). Es scheint fast so, als wolle Kapitel 4 einerseits die nahezu unbegrenzte Gnade Gottes gegenüber dem sich verfehlenden Menschen aufzeigen und gleichzeitig betonen, dass das spätere Israel mit der Geburt Seths (V. 23) einer neuen Linie entstammt und aus anderem Holz gemacht ist als die Nachfahren Kains („Kainiten"). Tatsächlich bricht die Kainlinie mit Lamech und seinen Söhnen ab, nachdem auch die Abellinie nur ein Hauch (so die Bedeutung seines Namens) der Geschichte war. Sodann wird ein dritter Zweig der „Adamiten", Seth und seine Nachkommen, als Hoffnungsträger der Zukunft geboren.

Dieser Seth wird in der Parallelliste in Gen 5 der Urvater Noahs. Am Ende der Liste findet sich erstmals die Figur, die das Strafgericht Gottes überlebt und die neue Menschheit nach der Flut begründet (5,28-32). Folglich ist Noah der eigentliche Held der genealogischen Liste in Gen 5, die ansonsten alle Namen aus Gen 4,17ff ein zweites Mal überliefert. Spannend sind die Unterschiede zwischen den beiden Listen: So wird in Gen 5 von Lamechs Gewalt nicht erzählt, stattdessen ist Noah sogar der Sohn Lamechs und der „nannte ihn Noah, indem er sprach: Dieser wird uns Trost bringen in unserer Arbeit und in der Mühsal unserer Hände durch den Ackerboden, den der Herr verflucht hat, und wird der gerechte Überlebende der die Menschheit vernichtenden Flut" (5,29). So soll Noah die Menschheit hinter den verfluchten Acker zurückführen. Jegliche ambivalente Note fehlt in Gen 5. Stattdessen werden Adam wie sein Sohn Seth ausdrücklich Ebenbild Gottes genannt (5,1-3; vgl. 1,26f), deren Enkel bzw. Urenkel seinerseits Kenan (= Kain) ist. Anstelle der segmentären Liste von drei Adam-Söhnen (Gen 4,1-2.17.23) ist die Adamliste in Gen 5 zu einer linearen Reihe der erstgeborenen Nachkommen vereinheitlicht, die die Abstammung der Urväter bis zu den Erzvätern fortführt. Darunter sind sehr besondere Gestalten. Wie Gott es später von Abraham fordert (Gen 17,1), wandelt auch Noah mit Gott und vertraut sich ihm an (Gen 6,9). Deshalb ist er der Mensch, der Gnade findet vor Gottes Augen angesichts der sich immer weiter ausbreitenden Gewalt in der Schöpfungswelt (Gen 6,8).

Nun ist Noah nicht die einzige theologisch prominente Lichtgestalt in dieser Liste. Bereits sein Urgroßvater Henoch „ging noch 300 Jahre mit Gott" (V. 22). Die sich anschließende, etwas rätselhafte Formulierung für sein Verschwinden spielt auf seine Entrückung an, die ihn als einen Unsterblichen ausweist – ein Gedanke, der nur noch ein weiteres Mal im AT berichtet ist, und zwar vom Propheten Elia, der in einem feurigen Himmelwagen zu Gott in den Himmel entrückt wird (2Kön 2,2). In unserer westlich-christlichen Tradition spielt die Figur des

Henoch zwar eine eher untergeordnete Rolle, die Antike wie auch die christlich-orthodoxen Traditionen weisen ihm jedoch eine wesentlich höhere Bedeutung zu (s. Thema 4 auf S. 74). Auffällig sind auch die hohen Altersangaben in Gen 5, die in Gen 6,3 auf 120 Jahre begrenzt werden. Das darin zugrunde liegende Gerüst erinnert an einige sumerische und babylonische Königslisten. Auch sie zählen heldenhafte Könige mit unrealistisch hohem Alter auf und berichten von einer zerstörerischen Sintflut, nach welcher die Altersangaben der nachfolgenden Könige drastisch sinken. Die häufig sogar fünfstelligen Lebensjahre verorten diese Figuren in einer mythischen Zeit und ergänzen in knappen Notizen kleinere Ereignisse oder Institutionen von kulturgeschichtlicher Relevanz. Die eigentliche Intention solcher Listen liegt aber nicht in der Darstellung historisch rekonstruierter Herrscherzeiten, sondern betont durch die übertriebenen Altersangaben die große Bedeutung der Könige für die eigene Kultur.

Allerdings geht es in den ersten Büchern der Hebräischen Bibel nicht um die Königszeit und deren Protagonisten. Die Erzählung ist in einem tribalen System angesiedelt, das auf die Erzeltern zuläuft, die den Kern des Volkes Israels begründen. **Somit geht es bei den biblischen Listen nicht um die Erinnerung von Königen und ihren Städten oder ihre Abfolge im Wechsel politischer Machtverhältnisse, sondern um die Geburt Israels, die sich sogar bis in die mythische Zeit der Schöpfung und die ersten Protagonisten der Menschheit zurückführen lässt.** Dank dieser Listen klagt das Gottesvolk Israel für sich unmittelbaren Anteil am Ursprung des Lebens ein, obwohl es im Vergleich mit den anderen Kulturen des Alten Orients (Ägypten, Mesopotamien) ein erst seit dem 1. Jahrtausend historisch bezeugter Staat ist und somit zu den „jüngeren Völkern" der Levante zählt.

Theologische Themen

Gen 4 ist gespickt mit theologischen Themen und Aussagen. Der Lebensbezug der Genealogien zeigt an, wie der erfolgreich abgeschlossene Schöpfungsvorgang durch die menschliche Fortpflanzung auch in Zukunft garantiert ist. Die Ersteinrichtung der Welt durch Zeit-, Raum- und Beziehungsstrukturen wird außerdem mit den zivilisatorischen Errungenschaften durch die Menschen weiter ausdifferenziert. Natur und Kultur gehen hier zusammen, und der Mensch wird seinerseits zu einer Art Schöpfer im Rahmen der geschaffenen Lebensordnung. Mit Namen wie Enosch, Adam, Seth, Noah und Henoch verbinden sich von Gott in besonderer Weise Erwählte oder sogar „Glaubensväter" (Noah, Henoch, Abraham; vgl. Hebr 11,4-8), die sich unter den Menschen durch eine besonders enge Beziehung zu Gott hervortun. Sie werden exemplarisch, ohne dass ihnen menschliche Züge gänzlich abgesprochen würden (man denke an die Tradition vom betrunkenen Noah in Gen 9,21). Die Geschichte des ersten Menschenpaars geht sichtbar weiter.

Gewissermaßen stellt Gen 4 die *eigentliche* Sündenfallerzählung dar, denn in Gen 4,7 wird der hebräische Begriff *ḥaṭṭat* „Sünde" zum ersten Mal genannt, während die Verfehlung des Urmenschenpaars in Gen 3 einer theologischen Bewertung entzogen bleibt. Es setzt aber ein narrativer Prozess ein, der in Gen 6,5f.11 (die Bosheit der Menschen und die Gewalt der Geschöpfe) einen Höhepunkt erreicht und schließlich Gott die Zerstörung der Schöpfung beschließen lässt.

Die Gründe für die zunehmende Boshaftigkeit und Gewalt bleiben erstaunlich unterbelichtet. Ähnlich wie in Gen 2,17 unbegründet bleibt, warum ausgerechnet der Baum der Erkenntnis ein Tabu ist, bleibt auch in Gen 4,5 unerklärt, warum Gott Kains Opfer geringschätzte oder übersah. Die Erzählungen wollen die Andersartigkeit Gottes betonen, die dem Menschen unergründlich bleibt und dennoch seine Loyalität voraussetzt.

Doch wendet Gott sich Kain zweimal zu. Das erste Mal warnt er ihn und fordert ihn auf, sich seinen Emotionen nicht hinzugeben. V. 7 ist ein sehr schwieriger Vers, zumal der hebräische Text wegen grammatischer Probleme nur schwer übersetzbar ist. Die vorliegende Übersetzung plädiert für eine klare Abfolge der Gegebenheiten: Kain fühlt sich wegen seines Opfers zurückgesetzt, reagiert sehr emotional und sein Blick senkt sich (ob aus Zorn, Trauer, Scham oder Sturheit bleibt unklar). Gott rät ihm: Wenn du gut handelst, kannst du deinen Blick wieder heben. Zugleich warnt er ihn, sollte er nicht gut handeln, lauert die Sünde, der sich der Mensch entziehen soll. Kains Entscheidung wird nicht eigens berichtet, aber der nachfolgende Vers macht klar: Kain handelt nicht gut. Er verfällt der Sünde, indem er seinen Bruder tötet. Als Gott Kain nach der Tat ein zweites Mal anspricht, zeigt dieser keine Reue und übernimmt auch keine Verantwortung für seine Tat. Stattdessen beschreibt die Erzählung, wie die Tat sich ausbreitet und Raum einnimmt: Gott, der Acker, die Erde sind von der Bluttat betroffen – und das wird letztlich auch Kain selbst zum Verhängnis. Die Tat kehrt gewissermaßen zum Täter zurück, indem auch er unten den Folgen leidet. Denn der blutgetränkte Acker hört auf, Kains Lebensunterhalt zu sichern und so ist dieser gezwungen, seine Heimat zu verlassen.

Die sich anschließende Klage Kains (V. 13 „Meine Strafe ist zu groß, als dass ich sie tragen könnte.") klingt etwas nach Selbstmitleid. Das hebr. Nomen *'avon* lässt sich ebenso durch „Schuld" übersetzen (so übersetzt z.B. die EU). Es kann also sowohl die Infragestellung der Verhältnismäßigkeit bzw. Erträglichkeit der Konsequenzen (Strafe) durch Kain gemeint sein als auch sein Schuldbekenntnis und die Reue über seine Tat. Der Begriff setzt ein dynamisches Verhältnis von Tat, Schuld und Unheil voraus, welches weniger das Geschehen (moralisch) bewerten will als dessen tiefgreifende Konsequenzen ausmalt. Und diese Konsequenzen beeinträchtigen nicht nur den Täter, sondern auch die Welt, deren Ordnung von dem Unrecht tief getroffen ist. Kain wird sich der Konsequenzen bewusst, die Heimatlosigkeit, sozialen Ausschluss und letztlich Gottesferne nach sich zieht. Gott hebt dieses dynamische Verhältnis zwar nicht auf, doch mildert er Kains Furcht vor der Gemeinschaft mit einem Zeichen, das ihn als Schützling Gottes ausweist. Gott setzt die durch Kains Handeln bewirkte Lage nicht auf Null zurück, aber er sichert Kains Existenz.

3.2 Der Text heute – Themen und Bausteine

Kerstin Offermann

Erkenntnis des Guten und Tun des Guten

Nachdem in Gen 3 die menschliche Fähigkeit zwischen Gut und Böse zu unterscheiden hervorgehoben wurde, wird nun deutlich, dass die Erkenntnis des Guten und das Tun des Guten zweierlei sind. Dieses Phänomen dürfte niemanden überraschen. Das kennen wir alle. Aber: Woran liegt das? Was ist diese „Sünde, die vor der Tür lauert?" Heraklit sagt: „Der Dämon eines Menschen ist sein Charakter." Tragen wir alle etwas Dämonisches in uns, so wie wir alle auch gottebenbildlich sind? Wie kann man darin wachsen, das Gute nicht nur zu erkennen, sondern es auch zu tun? Was hindert uns?

Die Herkunft des Bösen bleibt in den Texten ein Geheimnis. Der Mensch ist zugleich Täter und Opfer, deshalb hilft auch die menschliche Freiheit für die Erklärung des Bösen nur begrenzt weiter. Das Böse ist nie bloß moralisch zu verstehen, sondern hat immer auch Verhängnischarakter. Zwar tritt es hier personifiziert auf – „die Sünde lauert"–, aber daraus die Figur des Teufels abzuleiten und zu postulieren führt letztlich eher zu theologischen Aporien statt zu befriedigenden Erklärungen – es sei denn, man gibt den Monotheismus auf, was die logische Konsequenz einer Satansfigur wäre, wie Ute Leimgruber in ihrem Essay „Satan – der Schatten Gottes?" schreibt: „Die Wirklichkeit des Bösen ist mit einem umfassenden Geheimnischarakter ausgestattet [...] Es kann nicht erklärt werden, es kann und muss an seinen spezifischen Orten aufgedeckt, überführt und benannt werden: im Sinne der Würde eines jeden Geschöpfes und im Sinne der Botschaft Jesu Christi von einem liebenden und solidarischen Gott, an dessen Liebe und Güte im Leid geglaubt werden kann" (S. 11-13 in *Welt und Umwelt der Bibel* 02/2012).

Dazu schreibt Thea Dorn: „Denn worauf beruht unsere gesamte moralische Welt, wenn nicht darauf, dass wir ein Unrecht nicht einfach geschehen lassen, nicht geduldig hinnehmen, sondern ihm den Prozess machen? Wenn du mich nun spöttisch fragen willst, ob ich den Tod als solchen für ein Unrecht halte, so antworte ich: Ja. Der Tod ist der Inbegriff der rohen, absoluten Macht. Er kommt, packt uns, foltert uns, zermalmt uns. Wer mit dem Tod seinen Frieden macht, der beugt sich dem Prinzip der Gewalt, der Unterwerfung, der Tyrannei. Wer den Tod hinnimmt, muss auch jegliche andere Form von Gewalt, Unterwerfung, Tyrannei hinnehmen. Wer die Menschlichkeit verteidigen will, muss den Tod auf die Anklagebank setzen. Diesen Prozess zu führen, obwohl er weiß, dass er ihn verlieren wird, macht den Menschen nicht zum Gespött, sondern überhaupt erst zum Menschen."

Der Konflikt

Der Text erzählt, dass Gott selbst an der Verschärfung des Konfliktes beteiligt ist. Warum nimmt er das eine Opfer an und das andere nicht? Das ist eine der klassischen „Leerstellen" biblischer Geschichten. Der Text nötigt uns geradezu, uns Gedanken über das „Warum" zu machen.

Ermutigen Sie die TN dazu, ihre eigene Deutung zu finden.

Als Beispiel zwei eher ungewöhnliche Deutungen: (1) Das erste Todesopfer der Bibel ist gar nicht Abel, sondern Abels Tieropfer! Für Kain war bis dahin jegliche Form von Tötung undenkbar. Als er wahrnimmt, dass Gott aber offensichtlich Gefallen am Opfer Abels findet, missversteht er das indem er es noch besser machen will: Statt eines kleinen Schafs tötet er seinen kleinen Bruder, um Gott zu gefallen. (entnommen aus einem Beitrag auf *929*, einem zeitgenössischen jüdischen Lesezyklus-Projekt, in dem Auslegungen, Gedanken und Medien zu den 929 Kapiteln des Tanach gesammelt werden, s. **https://www.929.org.il**)

Auf ähnliche Weise nimmt eine andere Interpretation Kain in Schutz: Alfred Bodenhauers Roman *„Kains Opfer"* beschreibt einen Kain, der mit seinem Opfer eine Kompensation für die Sünde der Eltern leisten will. Er bietet Gott eine Frucht des Ackers als Opfer und Ausgleich für die verbotene Frucht, die seine Eltern sich genommen hatten. Kain will ins Paradies zurück, an den Ort, wo noch nie ein Mensch ein Tier getötet hat. Kains Opfer wird jedoch nicht angenommen, das getötete Tier schon! Ist also möglicherweise ein anderes, wertvolleres, blutiges Opfer nötig, um ins Paradies zurückkehren zu können?

Eine Entwicklungsgeschichte

Vielleicht war aber auch die Tötung Abels leidvoll notwendig, um sowohl Gott als auch den Menschen deutlich zu machen, dass Menschen Gesetz und Verbote brauchen, um miteinander in Frieden zu leben. Bis dahin war Tötung nicht ausdrücklich verboten. Dann wäre der Text als **Entwicklungsgeschichte** zu verstehen. Auch Gott lernt dazu: Wie sind die Menschen, was brauchen sie? Gott und Mensch sind sich zwar räumlich noch sehr nah und reden miteinander, aber trotzdem scheinen sie sich nicht wirklich zu verstehen. Dieser Eindruck zieht sich in zunehmendem Maße durch die Texte von Gen 1–11, bis in Gen 11 die Verbindung dann ganz gekappt zu sein scheint, was für viele Menschen heute eine erheblich realistischere Darstellung des Nicht-Verhältnisses zwischen Gott und Menschen beschreibt.

Wie wertvoll etwas ist, entdeckt man erst, wenn es verloren geht. Das gilt sowohl für den Garten, als auch für die Beziehung zu Gott. Kain wird von Gottes Angesicht vertrieben und erlebt sich dadurch als verstoßen und schutzlos. Die innere Heimatlosigkeit vieler Menschen findet sich bis heute in der Figur Kain wieder.

Gottes Treue

Zugleich erzählen die Geschichten aber auch von der Treue Gottes. Als die Menschen aus dem Garten vertrieben wurden, ging Gott mit ihnen! Auch mit der Vertreibung Kains endet die Geschichte nicht. Gott sucht den Menschen – gerade den, der seine Weisung überschritten hat. Gerade dann, wenn Gott den Menschen in die Gottesferne schickt.

Mit der Vertreibung hätte die Bibel durchaus enden können, aber die Kleidung ist kein Abschiedsgeschenk, sondern ein Zeichen dafür, dass die Beziehung weitergehen wird – nur ist diese Beziehung noch völlig unbestimmt und offen. Keiner von beiden, weder Menschen noch Gott, haben damit schon Erfahrung (so beschreibt es Jack Miles in *Gott. Eine Biographie).*

Zur Treue Gottes und zu den menschlichen Fähigkeiten zur Liebe zurückzufinden, gibt es im Downloadbereich eine Einheit aus dem „Stufen des Lebens"-Kurs: „Liebe ist nicht nur ein Wort".

Menschliche Entwicklung

Gen 4 ist aber auch eine **menschlich-zivilisatorische Entwicklungsgeschichte**. Das Kapitel erzählt sowohl von der Eskalation der Gewalt (über Kain zu Lamech) als auch von der Entwicklung von Kultur und Städten. In gewisser Weise kann man sagen, dass die kulturellen Errungenschaften eine Folge der Vertreibung Kains sind. Der Fluch Gottes und die Vertreibung Kains sind die Konsequenz aus der Handlung Kains, aber sie sind auch der Anlass dafür, sich weiterzuentwickeln. Im Grunde macht das die Menschen so erfolgreich: Sie schaffen es, ihre Unvollkommenheit durch *kulturelle* und *wissenschaftliche Entwicklungen* auszugleichen und sich damit weiterzuentwickeln.

Eine neue Erkenntnis über das Wesen der Menschen ist, dass Zivilisation Regeln braucht. Die bloße Erkenntnis des Guten und des Bösen reicht nicht, um ein menschliches Miteinander zu ordnen. Lamech nutzt die Drohung als Mittel zur Macht. Diese Form der despotischen Gewaltherrschaft hat sich bis heute gehalten. Ihr widersetzt sich die rechtsstaatliche Demokratie. Aber nicht zuletzt durch den Krieg in der Ukraine wird auch diese Errungenschaft wieder bedroht.

Eine zweite Erkenntnis über das Wesen der Menschen findet sich in einer Konkretion dessen, was es bedeutet Ebenbild Gottes zu sein. Ebenbildlichkeit wird hier in der bildhaften Formulierung *„Meines Bruders Hüter"* konkretisiert. In Gen 1 war Ebenbildlichkeit verbunden mit der Aufgabe, die Schöpfung zu behüten und zu bewahren. Gen 3 nennt die Unterscheidung zwischen Gut und Böse als Merkmal der Ebenbildlichkeit. In Gen 9 wird noch ein weiterer Aspekt dazukommen.

 Erarbeiten und sammeln Sie mit den TN diese Aspekte und diskutieren Sie, wie sich die Begriffe „Gottebenbildlichkeit" und „Würde des Menschen" zueinander verhalten.

Wenn es unserer Gottebenbildlichkeit entspricht, unsere Schwestern und Brüder zu behüten, dann stellt sich uns die Frage, für welche Schwestern und Brüder wir eintreten wollen (und können). Ja, Solidarität, um die Idee des Hüters in einem zeitgenössischen Wort anzusiedeln, ist etwas Göttliches, aber zugleich ist sie notwendig selektiv. Welche Schwestern und Brüder haben wir im Blick? Welche brauchen unsere Solidarität gerade mehr als andere?

Familiengeschichte/Geschwisterkonflikt

In der Urgeschichte wird die Menschheitsgeschichte auch als Verwandtschaftsgeschichte erzählt. Zwischenmenschliche Konflikte werden als Geschwisterkonflikte dargestellt. Die Schlichtung von Konflikten ermöglicht das Weiterleben. Diese Schlichtung erfolgt oft – wie auch in Gen 3, an dieser Stelle und in Gen 11! – durch räumliche Trennung (vgl. dazu den Artikel von Matthias Millard zu „Genesis" in Wibilex: Das wissenschaftliche Bibellexikon im Internet: **https://kurzelinks.de/bboh**.

Geschwisterkonflikte sind den TN wahrscheinlich vertraut. Es gibt wohl kaum eine Geschwisterbeziehung ohne Neid, Rivalität und Konkurrenz. Ermutigen Sie die TN dazu, von ihren Erfahrungen und Lösungen solcher Konflikte zu erzählen.

Man sollte nicht vergessen, dass nicht nur die Brüder Kain und Abel zum Familien-Setting der Geschichte gehören. Eva und Adam haben hier beide Söhne verloren! Anschließend bekommen sie noch einen weiteren Sohn, wie in der Versen 25f. erzählt wird, der sich somit auch der Familienkonstellation anschließt. Er wird als Ersatz–Kind wahrgenommen. Was für eine Hypothek für ein Leben!
Ob dieser Aspekt des Textes in der Gruppe besprochen werden kann, setzt viel Fingerspitzengefühl und Aufmerksamkeit auf Seiten der/des Leitenden voraus. Allerdings ist es wichtig, im Hinterkopf zu behalten, dass hier eine durchaus alltägliche und schmerzliche Erfahrung beschrieben wird, die womöglich von TN erlebt wird und die darum unweigerlich für sie im Hintergrund mitschwingt.

Liedvorschläge

- Liebe ist nicht nur ein Wort
- Ein reines Herz, Herr schaff in mir
- Gott ruft noch, sollte ich nicht endlich hören?
- Vertraut den neuen Wegen
- So jemand spricht: ich liebe Gott und hasst doch seien Bruder

3.3 Vorschlag für eine Bibelarbeit

Stephan Zeipelt

Vorbereitung

Inhaltlicher Schwerpunkt

Wir leben „Jenseits von Eden". Die Erfahrung von Gewalt ist allgegenwärtig. Die urgeschichtliche Erzählung von Kain und Abel nimmt auch Menschen heute hinein in Fragestellungen, die rühren und berühren: „Was hat Gott mit Leid bzw. erfahrener Gewalt zu tun?" „Wie gehen Menschengeschwister miteinander um?" „Wie sollten sie miteinander umgehen".

Wie in der ganzen Urgeschichte, beginnend mit der Schöpfung, wird einerseits die tödliche Entwicklung des Menschen beschrieben, andererseits daran festgehalten, dass der von Gott gesetzte (Set) gute Kern nicht verloren ist! Eine Hoffnung, die die gesamte Geschichte Israel mit allen Katastrophen und aller Umkehr zu Gott prägt. Letztlich mündet dies in die Perspektive von Passion und Auferstehung.

Verbindung zu anderen Einheiten

Nach der sehr guten Schöpfung erzählen die Episoden danach in personalisierten Erfahrungen, wie stark der Kontrast nach dem so genannten Sündenfall auch bis in unsere Zeit gegenwärtig ist. Die biblische Urgeschichte ist keine historische Geschichte, denn historische Geschichte hat man hinter sich: Die Erfahrungen dieser Episoden hat man auch immer wieder vor sich. Die Geschichte vom Brudermord Kains ist ein Scharnier zwischen Gen 3 und der Beziehungsfrage von Gott und Mensch und der Sintflut-Erzählung, die dieses Beispiel menschlicher Gewalt als Vorbereitung für das Folgende expliziert.

Raumgestaltung

Die TN sitzen in einem Stuhlkreis um eine gestaltete Mitte, die im Laufe der Veranstaltung immer wieder umstrukturiert wird.

Materialien und Medien

→ Tücher in verschiedenen Farben: Blau, grün, rot, gelb, die in runder Form einer Erdkugel gelegt werden können. Dazu schwarzes und evtl. ein goldenes Tuch.
→ Evtl. Lautsprecher und Musikabspielgerät, um die verwendeten Lieder vorzuspielen.
→ Kopien der Liedtexte
→ Bild von Friederike Kirchner zum Text: Entweder mit TN-Heft, als Kopie oder per Beamer
→ Zettel und Stifte

Zur Gestaltung des Abends

Liturgische Eröffnung

Gebet

Gott, Schöpfer und Begleiter unseres Lebens. Wir leben in einer vielfach zerrissenen Welt. Persönliche Leiderfahrungen und Gewalt unter Menschengeschwistern machen uns zu schaffen und lähmen uns. Komm du uns nahe, lass uns immer wieder unseren Blick hin zu dir und unseren Menschengeschwistern erheben. Wende du deinen Blick nicht von uns ab. Amen

Lied
EG 412: **So jemand spricht ...**

Auf den Text zugehen (ca. 20 Min.)

Erste Assoziationen
Die TN betrachten das Bodenbild mit verschiedenfarbigen Tüchern, das in der Gestaltung und den Farben einer Erdkugel gleicht. Evtl. kann man ein Foto der Erde aus dem Weltall dazulegen („Earthrise" vgl. **https://kurzelinks.de/15w2**).
Erste Assoziationen werden abgerufen: „Was fällt euch bei der Betrachtung auf und ein?"
Danach geht es in Kleingruppen von ca. je 4 TN, die sich untereinander kurz austauschen (evtl. auch im Rückblick auf vorhergegangene Abende) zu den Fragen:
→ Was bedeutet für euch Paradies?
→ Was sind für euch Paradiese?
→ Wo entdeckt ihr ein Paradies?
Nach ca. 5 Minuten Wiedertreffen in der Gesamtgruppe. Entweder wird das Lied „Globus" von BAP gespielt oder eine (möglichst aus dem Kölschen übertragene Form: **https://www.bap. de/songtext/globus/**) Textversion vorgelesen. Es kann natürlich auch ein anderes Lied oder ein anderer Text gefunden werden, die die Zerrissenheit der Schöpfung gerade in Bezug auf den Verlust des Paradieses als Thema haben.

Austausch
Mit paradiesischen Bildern hat unsere Gegenwart nahezu nichts mehr gemein. Umweltzerstörung, Klimawandel, Artensterben und vor allem Gewalt und Kriege zwischen den Menschen sind die Gegenbilder vom Paradies. Wir leben in einer Polykrisensituation, wie jemand einmal sagte. Welche Krisen belasten euch gerade?
Auf Zetteln sammeln und in die Mitte um die Tücher legen.

Scharnier zum Übergang
Die Erfahrung eines „paradise lost", von der Vertreibung aus dem Paradies / vom Verlust des Paradieses ist uralt (deshalb steht sie ja auch am Beginn der Genesis). So wird erzählt: Schon die ersten Menschen, Adam und Eva, verlieren die Unschuld, indem sie Gott nicht gehorchen. Gleich die zweite Menschengeneration bringt die Gewalt hervor.

Tücher in der Mitte mit einem schwarzen abdecken, die Zettel mit den Krisen auf das Tuch legen.

L: Unsere Erfahrung, die sich in Romanen (John Steinbeck), Filmen (James Dean) und Liedern (z.B. Nino De Angelo) zeigt und immer wieder thematisiert wird.

Dem Text begegnen (ca. 40 Min.)

Textlesung
Der Text Gen 4,1-16 wird in verteilten Rollen gelesen: Sprecher*innen: Eva, Kain, Gott, Erzähler*in

Kurzer Austausch im Plenum
→ An welchen Stellen könnte man den Text unterbrechen und anders weitererzählen?
→ Warum erschlägt Kain seinen Bruder? Welche Rolle spielt dabei die (fehlende) Beziehung zu ihm als dem anderen „Erdling"? (Hinweis auf Martin Bubers Begründung der Nächstenliebe: „Er ist wie du!")
→ Wie wird das Verbrechen bestraft? Wie nicht?

→ Welche Folge hat es, dass der Totschläger nicht getötet wird?
→ Was bedeutet (die Chance auf) Leben zu erkennen?
→ Was bedeutet das Kainsmal? Zeichen der Strafe und des Schutzes

→ Inwiefern gibt die „dritte Stammeslinie" Sets (V. 25f) Hoffnung auf einen Neuanfang?
→ Was bedeutet es, wenn ganz am Ende der Erzählung steht, man habe begonnen, „den Namen Gottes anzurufen"? (s. dazu den inhaltlichen Schwerpunkt oben)

Mit dem Text weitergehen: Gott geht mit (ca. 20 Min.)
Evtl. Einstieg mit einem Lied vom Udo Jürgens („Der werfe den ersten Stein", vgl. **https://www. udojuergens.de/musik/**) heißt es: „Nur wer da glaubt er habe nichts von Kain, der werfe den ersten Stein". Das Bild von Friederike Kirchner wird im TN-Heft oder kopiert oder per Beamer betrachtet. Es werden Assoziationen gesammelt:
→ Was gefällt?
→ Was fehlt?
→ Was würdet ihr anders darstellen?
→ Welche Beziehungen kommen in dem Dreieck der Personen zum Ausdruck?
→ Welcher Blick müsste sich ändern um die Katastrophe zu verhindern?

Der Blick entscheidet
Kain senkt seinen Blick, Gott ermutigt ihn, den Blick zu heben. Auf die Frage Gottes, wo sein Bruder sei, antwortet Kain mit „Soll ich meines Bruders Hüter sein?" – Er schaut nicht auf ihn. Aber Gott sieht auch den Toten.
Die zweite entscheidende Frage Gottes in der Bibel lautet: „Wo ist dein Bruder Abel?": Die erste war: „Mensch, wo bist du?" Es geht um diese beiden Fragen: Wie ist dein Blick, dein Verhältnis zu Gott und wie zu deiner Schwester, deinem Bruder?

Weiterführende Impulse zur Bildbetrachtung:

Anerkennung des Opfers – Wie war es denn dann zu merken, dass das Opfer des einen Gnade fand und das des anderen nicht? Doch wohl dadurch, dass sich beim einen die erhoffte Wirkung einstellte und beim anderen nicht. Vielleicht so: Abel ist fleißig und besorgt um seine Tiere. Und seine Mühen werden gesegnet, seine Herden vermehren sich. Sie stehen gut im Futter, haben keine Krankheiten. Dagegen Kain: Auch er rackert und ackert, aber was er anbaut, gerät nur kümmerlich. So viel er auch arbeitet auf dem Feld, er kommt zwar so einigermaßen über die Runden, aber mehr auch nicht. Gnädiger Segen beim einen, ausbleibender Segen beim anderen. Es gibt keine Begründung, keine Erklärung von Gottes Seite. Nur eine Beschreibung dessen, was auch wir täglich erleben: zwei bitten um eine gute Ernte, der eine wird gesegnet, der andere nicht – zwei bitten um Gesundheit, die eine wird geheilt, die andere nicht, der einen gelingt alles auf Anhieb, ohne dass sie dafür groß etwas tun müsste, die andere plagt und schindet sich mit mäßigem Erfolg, der eine wird mit einem goldenen Löffel im Mund geboren, der andere kommt sein Leben lang aus den Schulden nicht heraus. Warum? Wieso geht es nicht anders zu auf der Welt, gerechter? Ist Gott dafür verantwortlich? Aber: Auch wenn Gott Kains Opfer nicht gnädig angeschaut hat, er bleibt mit ihm im Gespräch. Er macht Kain ein Angebot: „Sprich mit mir über deinen Zorn, verschließe ihn nicht in dir, so dass er in dir anwächst wie ein wildes Tier und dich auffrisst. *Heb deinen Blick*, du kannst den zerstörerischen und selbstzerstörerischen Impulsen in dir widerstehen."

Es geht um den Blick in die Augen. Kain senkt seinen Kopf, er lässt sich nicht in die Augen schauen. Eine Begegnung findet von Angesicht zu Angesicht statt. Im Aaronitischen Segen wird uns zugesprochen, dass Gott sein Angesicht auf und über uns erhebt. Dass er uns ansieht. Kain antwortet nicht. Kain schaut zu Boden. Hätte Kain *zu* Gott geschaut, hätte er seinen Zorn gegen ihn richten können. Ihn anklagen wegen der Ungerechtigkeit, mit ihm hadern wegen seines Schicksals. Hätte Kain *mit* Gott geschaut, dann hätte er seinen Bruder gesehen. Denn man kann nicht vor Gottes Angesicht treten, ohne ein Auge auf seinen Nächsten zu richten.

Schreiendes Blut – Kain hat Abel zum Schweigen gebracht. Doch nie hat Abel lauter geschrien als nach seinem Tod. Die Erde, die Gott erschuf, um sie für die Saat des Sähenden zu öffnen, musste sich öffnen für das Blut, das durch die Hand des Mörders floss. Was muss das für ein Dröhnen in Gottes Ohren in unserer Zeit sein, wenn schon das Blut *eines* Ermordeten so schreien kann. Denn auch wenn hier mit Erde der Ackerboden gemeint ist, wie gut lässt es sich im Deutschen ausweiten auf unseren Planeten, den wir ebenfalls Erde nennen. Wie viele Morde und Ermordete haben seit diesem Ersten zu Gott geschrien.

Strafe?! – Gott verflucht Kain – nein, eigentlich verflucht die Tat den Täter. Kain wird zum Outlaw, zum Hin- und Hergetriebenen. Eva hat zwei Söhne verloren. Den einen an den Tod, den anderen an das Leben. „Meine Strafe ist zu schwer" oder meint er vielleicht, meine Schuld ist zu schwer? Man kann es so oder so übersetzen. Schuld und Strafe sind nicht zu trennen, sondern sie gehören zusammen und sind auf das Vergehen bezogen. Es geht um die Tat und ihre Folgen. Jetzt bemerkt Kain, was angefangen hat, als er seinen Blick senkte. „Ich muss mich vor deinem Angesicht verbergen." So ruft er Gott zu. Doch auch hier wieder: So überraschend Gott erst auf Abel sah, so sieht er jetzt nach Kain. Gott bleibt sich treu und sieht auf den Schwachen, den Geringsten, den Menschen im Schatten. Gott macht ein Zeichen an Kain. Dieses Kainsmal ist kein Zeichen, das an den Pranger stellt und auf ewig verdammt, sondern ein Zeichen des Erbarmens. Gott klagt den Sünder an, aber er steht zugleich für ihn ein.

„Adam, wo bist du?" ruft Gott und macht dem nackten Menschen Kleider. „Kain, wo ist dein Bruder?" ruft Gott und auch der wehrlose Kain kann auf Gottes Schutz zählen.

L: **Welche Handlungsempfehlungen nehmen wir mit – auch im Blick auf die Krisen, die jetzt auf dem schwarzen Tuch liegen?**

Entweder wird das schwarze Tuch entfernt und konkrete Ideen werden auf die Zettel mit den Krisen ge-schrieben oder ein goldenes Tuch wird auf allem ausgebreitet und darauf kommen die Zettel.

Wieder aufschreiben und hinlegen.

Versöhnungsgedicht
L: Zum Abschluss ein Gedicht aus dem nordirischen Friedenszentrum *Corrymeela*, um zu zeigen, wie in einer Krisenregion miteinander Gemeinschaft auch unter verfeindeten Ge-schwistern gesucht wird. (**https://www.corrymeela.org/**)

„Am I my brother´s keeper?"	„Bin ich denn meines Bruders Hüter?"
The muttered cry was drowned	Der gemurmelte Schrei wurde übertönt
By Abel´s life blood shouting	Von Abels Blut,
In silence from the ground	das stumm aus der Erde aufschrie.
For no man is an island	Kein Mensch ist eine Insel
Divided from the main	Kein Mensch lebt für sich allein
The bell which tolled for Abel	Die Glocke, die für Abel schlug
Tolled equally for Cain	Die läutet auch für Kain
As long as people hunger	Solange Menschen hungern
As long as people thirst	Solange Menschen dürsten
And ignorance and illness	Und Ignoranz und Hass
And warfare do their worst	Und Krieg lebendig bleiben
As long as there´s injustice	Solang es Unrecht gibt
In any of God´s lands	In jeglichem von Gottes Ländern
I am my brother´s keeper	So lange bin ich meines Bruders Hüter
I dare not wash my hands	So lange wage ich es nicht,
JOHN FERGUSON	meine Hände in Unschuld zu waschen
	(Übersetzung Stephan Zeipelt)

Liturgischer Abschluss

Text/Gebet
Gott, geh mit uns. Sieh nach uns. Hilf, dass wir unsere Schwestern und Brüder sehen. Lass uns unseren Blick heben und auch jenseits von Eden erleben, wie wir nach deinem Willen miteinander Leben gestalten können. Amen.
Vaterunser
Segen
Aaronitischer Segen aus Num 6,24–26 (v.a. wegen des zweimaligen „Angesichts")

3.4 Bildbetrachtung

Johannes Beer

Friederike Kirchner: Genesis 4,1-2.17-24; 5,28-32; 9,20-29 – Kain-Noah, Öl auf Leinwand, 2022, 40,5 x 32,5 cm

Zwei Menschen und ein Gesicht sind in einem Dreieck auf diesem Bild angeordnet. Alle drei sind wieder mit sparsamen Linien auf dem Malgrund gezeichnet.

Links unten sehen wir einen Menschen im Halbprofil. Sein Gesichtsausdruck ist nicht fröhlich, sondern eher missmutig. Die Mundwinkel zeigen leicht nach unten. Hinter seinem Kopf sehen wir einen dunklen Bereich in Schwarz und dunklen Violetttönen. Es ist nicht klar, ob dieser Bereich von dem Kopf ausgeht oder auf den Kopf zugeht. Fast scheint es, als ob dieser Bereich den Kopf anzieht. Der dunkle Violettton findet sich auf den Lippen dieses Menschen wieder, sodass eine Beziehung zwischen seinem Mund und der dunklen Wolke hinter seinem Kopf entsteht. Auch hinter seinem Rücken ist ein dunklerer Bereich. Der Blick dieses Menschen ist auf den anderen Menschen gerichtet.

Diesen anderen sehen wir in der rechten unteren Bildecke. Sehr licht erscheint er in einem hellen Bereich. Er ist im Profil dargestellt und hat seinen Kopf leicht erhoben. Sein Gesichtsausdruck ist eher fröhlich und offen. Er erwidert nicht den Blick des anderen Menschen, sondern schaut nach oben zu dem angedeuteten Gesicht.

Dieses Gesicht sehen wir ungefähr in der Mitte der oberen Bildhälfte. Umrisslinien erkennen wir nicht, so dass der Kopf nur etwas heller gegenüber dem lichtblauen Bereich erscheint. Augen, Nase und Mund sind mit hellgrauen Linien gezeichnet. Der Blick geht weder zu dem einen noch dem anderen Menschen, sondern scheint geradeaus aus dem Bild zu gehen. Fast fühle ich mich in den Blick genommen.

Zwischen den beiden Menschen, sehen wir einen dunklen runden Block, auf dem ein Feuer brennt. Von ihm steigen Funken und Rauch auf. Die Schwaden teilen sich gabelförmig und entschwinden nach links und rechts. Rechts vor dem Block brennt ein zweites Feuer, allerdings mit größeren Flammen. Von diesen führt eine helle Linie in leichten Wellenbewegungen nach oben. Sie läuft auf die Nase des Gesichtes zu und sogar darüber hinaus bis zum oberen Bildrand. Kain und Abel opfern. Die Opfergaben brennen nah beieinander und der Geruch beider Opfer steigt auf. Abel schaut auf Gott, aber Kain schaut auf Abel. Und sein Blick und sein Gesichtsausdruck verraten, dass seine Gedanken nicht voller Liebe und Zuwendung, sondern anders geprägt sind. Ist also die dunkle Wolke ein Symbol für seine dunklen Gedanken, die im Mord enden? Oder symbolisiert sie die lauernde Sünde, die nach Kain Verlangen hat?

4 | Fleisch und Geist

4.1 Exegese

Michaela Bauks

Wir beten im *Vaterunser*: „Und führe uns nicht in Versuchung, / sondern rette uns vor dem Bösen!" (Mt 6,13; EU). Hinter dieser Bitte verbirgt sich eine andere Vorstellung vom Bösen, als bislang aus den urgeschichtlichen Texten erhoben: Denn zwischen dem Bösen als einer „falschen Entscheidung" des Menschen und der „Versuchung zum Bösen" liegt eine deutliche Zuspitzung. Bereits Gen 3,1-6 erzählt von einem dritten Protagonisten neben Gott und Mensch, als die von Gott geschaffene Schlange ein Gespräch eröffnet, aus dem die Frau durchaus ehrenhaft hervorgeht. Sie gibt das göttliche Gebot fast wörtlich wieder und korrigiert die Schlange dahin, dass es nicht um ein Generalverbot aller Bäume gehe, sondern nur um die Annäherung an den Baum in der Mitte. Der Baum bleibt unbestimmt, seine Funktion (die Erkenntnis von Gut und Böse) spielt für Sie keine Rolle. Erst die Schlange weist darauf hin, dass es um diese Erkenntnis geht und auch die Sanktion zu sterben im Fall des Essens nicht eintreffen wird – womit sie letztlich recht behält. Die Schönheit des Baums und die Aussicht auf Erkenntnis, von der die Schlange sagt, dass sie den Menschen dem Göttlichen (der hebräische Text bezeugt hier einen Kollektivplural) ähnlich macht, lässt die Frau schließlich zu einer Frucht greifen und das göttliche Gebot in den Wind schlagen. **Die Verteufelung der Schlange, wie sie in der späteren Rezeptionsgeschichte der Erzählung prägend wird, ist in der alttestamentlichen Erzählung noch nicht zugegen.** Die Schlange wird von Gott verflucht und durch ihre Lebensumstände (auf dem Boden kriechend Staub fressen) bestraft sowie die Beziehung zu den Menschen gestört (Gen 3,13-15). Die bislang im Einklang geschilderte Koexistenz von Mensch und Tier erhält eine negative Note, die einen Keim der Entzweiung legt, der in Gen 6,1-4 weiter ausgeführt ist. Dieser notizenhafte Abschnitt, die sogenannten „Engel-Ehen" (ohne dass hier von den an anderen Stellen bezeugten Wesen – vgl. die Keruben in Gen 2,24 – explizit die Rede wäre), ist zwischen die Anfangsgeschichten von Welt und Menschheit und Fluterzählung eingefügt. Der Text fällt in verschiedener Hinsicht auf. Vor allem irritiert das offensichtlich nicht monotheistische Gottesbild, wenn von einer Verbindung von Göttersöhnen mit Menschentöchtern die Rede ist. So hat dieser Erzählabschnitt im Kontext der Urgeschichte eine besondere theologische Funktion inne.

Der Text und seine Struktur

Die einzelnen Verse stehen notizenhaft, d. h. etwas unverbunden, nebeneinander. Besonders V. 4 hängt nach, zumal der logische Zusammenhang der Riesen auf Erden mit den Kindern, die aus der Verbindung der Menschentöchter mit den Gottessöhnen hervorgingen, nicht eindeutig ist. Können wir beide eindeutig identifizieren – d. h. die Menschentöchter brachten Riesen bzw. Helden zur Welt, vergleichbar mit den griechischen Halbgöttern wie Herakles oder dem mesopotamischen König Gilgamesch, welche ebenfalls aus gemischten menschlich-göttlichen Paaren hervorgingen? Oder handelt es sich um eine zeitliche Einordnung, die besagt, dass die Verbindung sich ereignete als neben den Menschentöchtern und göttlichen Söhnen auch noch Riesen (*nephilim*; V. 4a vgl. Num 13,32f) auf der Erde weilten, als die Helden gezeugt wurden (*gibborim*; V. 4b vgl. 2Sam 1,19-22)? Unklar ist, ob die hier genannten Riesen und die Helden identisch sind (so 1Hen 7,2) oder aber zwei verschiedene Personengruppen der Urzeit bilden? Daneben sind zwei weitere Probleme der Übersetzung hervorzuheben: Bezeichnen die *benej haelohim* in V. 2 „die Söhne Gottes" oder „die Söhne der Götter"? Die Wendung begegnet zwar noch in anderen Teilen der hebräischen Bibel (Ps 29,1; 89,7), aber in der Tora nur an dieser Stelle. Beide Übersetzungen sind grundsätzlich möglich und der stark mythische Charakter lässt polytheistisches Denken zu: Wie die Parallelformulierung „Menschentöchter" sich deutlich auf die Töchter verschiedener Menschen bezieht, steigen die Söhne der Götter zu ihnen hinab. Doch löst selbst die Übersetzung durch Gottessöhne das Problem nicht, denn diese lassen sich nicht vorschnell mit Engeln identifizieren, die sonst als „Boten" (*malakh*) oder mit Namen (z. B. Kerubim, Seraphim) bezeichnet werden. Und was tun diese Wesen mit den Menschenfrauen? Die Zürcher Übersetzung lässt fast an einen Gewaltakt denken, wenn sie V. 2 übersetzt, dass sie „alle, die ihnen gefielen, zu Frauen nahmen", das klingt in der EU weniger flüssig, aber letztlich korrekter („und sie nahmen sich von ihnen alle Frauen, die sie auswählten."). Denn die Wendung „zur Frau nehmen" bezeichnet erstens eine eheliche Verbindung (Gen 11,29; 24,4; 25,1 u.ö.) und nicht etwa einen sexuellen Übergriff. Zweitens ist dieser formale Vorgang durch die feierliche Semantik des Verbs „erwählen" (*bachar*) noch unterstrichen. Drittens korrespondiert der Plural der Frauen mit dem Plural der Söhne, was vermuten lässt, dass sich jeder Sohn nur eine Frau nahm, obwohl Polygamie grundsätzlich denkbar war. In jedem Fall ist ein gewaltvoller Vorgang hier auszuschließen. Auch die Annahme, dass die Frauen die Göttersöhne verführt hätten, steht so nicht im Text, wo jegliche Wahrnehmung und Aktivität von den männlichen Protagonisten ausgeht.

Die Altersbegrenzung der Menschen in V. 3 könnte man zwar als Strafe verstehen, doch entspricht auch das nicht dem Text. Es heißt vielmehr allgemein, dass der göttliche Geist (*ruach*) nicht immer auf dem Menschen bleibt, weil er auch Fleisch ist – und somit sterblich. Darin schließt der Vers an zwei Motive aus Gen 2-5 an. So ist der aus dem Staub des Erdbodens geschaffene Mensch nach Gen 2,7 durch Gottes Atem (*neschama*) belebt, der in der Parallelaussage von Ps 104,29 wie in Gen 6,3 mit Geisthauch bzw. Atem (*ruach*) bezeichnet ist (s. zu Thema 1; Gen 1 auf S. 17). Indem Gott diesen Hauch zurücknimmt, lässt er die Menschen sterben. Die Begrenzung des menschlichen Lebensalters auf 120 Jahre reduziert die relativ üppigen Altersangaben vor der Flut beträchtlich (z.B. Metuschelach 969 Jahre in Gen 5,27; Adam 930 Jahre in 5,3; Seth 912 Jahre in 5,8; s. auch Noah 950 Jahre in Gen 9,28 nach der Flut). Damit ist aber keineswegs ein neuer Standard gesetzt (s. aber Mose in Dtn 31,2; 34,7). Denn die priesterschriftlichen Genealogien berichten von Abraham, dass er 175 Jahre zählt, als er stirbt (Gen 25,7f; vgl. auch die höheren Alter der Söhne in Gen 23,1; 35,28; 47,28). Auch bleibt die gesetzte Lebenszeit sehr hoch und übertrieben, wenn man bedenkt, dass die Lebenszeit antiker Menschen deutlich niedriger ausfiel als heute (vgl. Ps 90,10). Sie zeigt so den besonderen Status dieser namhaften Figuren (Riesen und Helden) der Vorzeit an, wenn auch Gen 11,1-9 zeigen wird, wie ambivalent auch der Drang, sich einen Namen zu machen, sein kann (s. Thema 7 auf S. 117).

Überhaupt ist auffällig, wie bewertungsfrei die Passage berichtet, was keinesfalls zu einem Schuld-Strafe-Schema passt, das Gen 6,1-4 als eine weitere Variante der Verfehlung in der Urgeschichte deutet. Ambivalenz erzeugt indes der Übergriff von einer Sphäre in die andere, da er die Schöpfungsordnung, die den Unterschied von Gott und Mensch deutlich voraussetzt, hinterfragt. Deshalb reiht sich auch Gen 6,1-5 in den Reigen von Erzählungen um ambivalente Beziehungen und Bezüge in der Welt ein.

4.1 EXEGESE

Annäherungen an den ursprünglichen Mythos

Sowohl das Alter dieser Notiz – eine alte kanaanäische Tradition des 2. Jahrtausend oder eine griechisch-hellenistische Überlieferung – als auch die Funktion in der Urgeschichte ist vieldiskutiert. In jedem Fall handelt es sich um einen mythisch anmutenden Text des Alten Testaments. Deutlich im Zentrum steht darin die Überschreitung des menschlichen in den göttlichen Bereich. Die Verbindung der Menschentöchter mit den Göttersöhnen wird zwar nicht unterbunden, es kommt zu Nachkommen (V. 4), doch wendet der das Ereignis reflektierend-kommentierende Vers 3 ein, dass – zumindest die Menschentöchter und ihre Nachkommen – nicht etwa Unsterblichkeit erlangen, sondern die Lebenszeit auf 120 Jahre begrenzt ist. Somit wird die Aussicht auf Unsterblichkeit, die Halbgottfiguren in anderen Mythen in besonderer Weise privilegiert, explizit ausgeschlossen. Ähnlich erzählt das Gilgamesch-Epos (Taf. XI,280-309), wie der König mit seinen göttlichen Anteilen sich auf die Suche nach Unsterblichkeit macht, diese aber verfehlt und sich letztlich zu seiner Lebzeit einen großen Namen macht, um in der Erinnerung weiterzuleben (s. Thema 7 auf S. 117). Die namhaften Helden in Gen 6,4 könnten an diese in Israel bekannten Traditionen erinnern. Gen 6,3 stellt – wie auch in Gen 2-5 – Sterblichkeit als anthropologische Grundbedingung heraus. Allerdings nennt die Genealogie in Gen 5,22-24 eine rühmliche Ausnahme dieser Regel, nämlich Henoch. Von Noahs Urgroßvater ist gesagt: „Henoch ging noch 300 Jahre mit Gott" (V. 22; vgl. Gen 9,9). Doch anders als nach ihm Noah, der mit 950 Jahren stirbt, wird Henoch entrückt: „Und Henoch lebte mit Gott. Dann war er nicht mehr da, denn Gott hatte ihn hinweggenommen". Diese Formulierung weist ihn als einen Unsterblichen aus (Sir 49,16; Hebr 11,5; vgl. noch Elia in 2Kön 2,2).

Im Gilgamesch-Epos (Taf. XI,203-207) wird der Sintflutheld namens Utnapischtim am Ende der Flut in die göttliche Sphäre entrückt. Das Motiv der Entrückung begegnet auch in der griechischen Mythologie. In Homers Ilias (19,98-106) ist Herakles ein Sohn des Zeus (Mutter Alkmene), der zeitlebens von der Göttermutter Hera verfolgt wird und eine Reihe von Heldentaten zu bestehen hat. Er wird (allerdings nach dem Tod durch seine eigene Hand) von den Göttern in den Olymp aufgenommen (Homer, Odyssee 11,601-604).

Die theologische Wirkungsgeschichte von Gen 6,1-4

Wegen der hier geschilderten Entrückung wurde Henoch in der Antike wie auch in den christlich-orthodoxen Traditionen eine besondere Aufmerksamkeit zuteil. In Kombination mit Gen 6,1-4 erhält die kurze Notiz von Gen 5,24 in dem – nur in äthiopischer Sprache komplett überlieferten – Henochbuch (1Henoch 6-8) eine völlig neue Konfiguration, um den Einbruch des Bösen in die Schöpfung in einer alternativen Weise zu Gen 2-4 zu erklären. In diesem deutero-kanonischen Werk sind die ursprünglichen Göttersöhne in Engel umgedeutet. Das Werk zählt zur jüdisch- apokalyptischen Literatur des 3./2. Jh. v. Chr., die einen in die Zukunft gerichteten Visionsbericht beinhaltet, durch den die Hauptfigur Henoch Einblick in den göttlichen Weltplan erhält. Henoch selbst zeichnet sich durch Weisheit und Frömmigkeit aus, partizipiert an einer breit ausgeführten himmlischen Szene (sowie an zwei Himmelsreisen in 1Hen 17,1-36,4) und lernt mit Hilfe von Engeln den Kosmos und die Geschichte in universeller Weise zu deuten (1Hen 1,1-5,9). Die Intention des Werks ist im ersten Vers beschrieben als „das Segenswort Henochs, wie er die Auserwählten und Gerechten segnete, die am Tage der Bedrängnis dasein werden, damit alle Bösen und Frevler vertilgt werden" (Übersetzung Siegfried Uhlig). Es geht um den Tag des Endgerichts und die Vorbereitung der Gerechten, damit sie das Gericht gut bestehen.

1Hen 6,1-16,4 umfasst einen Teil des sogenannten Wächterbuchs (1Hen 1-36), das vage angelehnt an Gen 6,1-4 die sehr ausführliche Geschichte eines Engelssturzes bezeugt. Die Geschichte erzählt im Rückblick, wie es zu der desolaten Situation kam, die die Schöpfung so verkommen ließ und das Gericht notwendig macht. Es beginnt mit einer relativ wörtlichen Wiedergabe von Gen 6,1-2, allerdings sind die Göttersöhne (möglich ist auch die Übersetzung Söhne des Gottes/Elohim) hier als „Engel, Söhne der Himmel" vorgestellt. Somit wird ein polytheistisches Verständnis, das der biblische Text zulässt, klar und deutlich ausgeschlossen. Die Darstellung erweist sich als Beginn einer sehr detailliert strukturierten Angelologie, die sich in eine gute und böse Engelklasse entfaltet. 200 böse Engel stiegen mit ihren Anführern, darunter der Oberste namens Semyaza, vom Himmel herab auf die Erde „und begannen, zu ihnen einzugehen und sich mit ihnen zu vermischen", so dass diese schwanger wurden und Riesen gebaren (1Hen 7,1-2). Zwei zusätzliche Informationen hält die Erzählung bereit: Zum einen lehren die Engel den Menschenfrauen Techniken wie Zaubermittel, Beschwörungen und Astrologie, zum anderen sind die Nachkommen so gefräßig, dass sie den Menschen die Lebensgrundlage entziehen und sie sogar angreifen (7,3-4). Der zweite oberste Engel Azazel lehrt die Kriegskunst, Schmuck und Kosmetik (8,1) und es folgen noch andere, die weitere Errungenschaften vermitteln, die zur Vernichtung der Menschen beitragen. Gegen das Blutbad steht eine Gruppe guter Engel unter der Führung von Michael, Uriel, Rafael und Gabriel auf, um Gott um sein Einschreiten zu bitten. Daraufhin sendet Gott einen Engel zu dem Sohn Lamechs (nach Gen 5,29 Noah), damit er sich verberge, während die Erde durch eine Flut vernichtet wird, und somit seine Nachkommenschaft für die Zukunft der Menschheit erhalten bleibe. Azazel aber, wird gefesselt und in die Finsternis geworfen, bis er am Tage des Gerichts in die Feuerglut gestoßen wird als Strafe dafür, die Erde verdorben zu haben (10,4-6). An dieser Stelle wird der große Unterschied für die Begründung des Bösen deutlich: Das Wächterbuch macht nicht etwa die Menschheit für die empfindlichen Einbrüche in der Schöpfungsordnung haftbar, sondern die bösen Engel, die die Menschen mit ambivalentem Wissen versorgen und die Erde zu vernichten drohen. So heißt es in 1Hen 10,8: „Und die ganze Erde ist verdorben worden durch die Lehre der Werke Azazels, und ihm schreibe alle Sünden zu", was sich auf die Militärkunst, die Zaubermittel u.a. kulturelle Einflüsse bezieht, die die bösen Engel den Frauen zugetragen haben. Schuldig ist also die Gruppe der bösen und aus der himmlischen Sphäre verstoßenen Engel. Die Zerstörung der Menschheit durch die Flut ist – ähnlich der biblischen Erzählung – eine Option neben der Zerstörung der Wächter untereinander durch Kampf und Krieg (10,9), um den Gewalteinbruch auf der Erde zu stoppen und nur die Gerechten zu retten. Auch das Ende der biblischen Flutgeschichte klingt in 1Hen an, wenn die Zusage formuliert ist, dass Gott „nicht wieder (so etwas) über sie bringen [wird] von Generation zu Generation und bis in Ewigkeit" (10,22), zugleich aber der Überzeugung Ausdruck verliehen ist, dass die Erde danach von aller Verderbnis und Sünde rein sein werde (anders Gen 8,21). Sodann folgt die erste Vision Henochs, als er an einen den übrigen Menschen unbekannten Ort des Gottesthrons entrückt (12,1ff ohne Bezug auf Unsterblichkeit) und infolge der Vision zum göttlichen Sprachrohr wird, um Azazel und seinen Wächtern das Endgericht zu verkünden, da diese wegen der verunreinigenden Verbindung mit den Frauen ihre Wohnung im Himmel verloren haben (15,8).

Die Entrückung Henochs zielt in 1Hen weniger auf die Vermeidung des Todes ab als auf sein Wissen um die Verkörperung des Bösen im Engelsturz (vgl. Jud 6; 1Petr 2,4). Darin liegt eine deutlich andere „Entschuldigungsstrategie" als in der Urgeschichte, wo das Böse als ein Anwachsen von menschlicher Verfehlung, verdrängter Verantwortung und Ausflucht dargestellt ist. Selbst in Gen 6,1-4 bleibt die Frage der Schuld offen. Deutlich ist nur die Übergriffigkeit und der Verstoß gegen die grundlegende Schöpfungsordnung, die in den außergewöhnlichen Nachfahren in ambivalenter Weise fortlebt. An dieser Stelle schließt die Begründung der Fluterzählung in Gen 6,5ff gut an, obwohl die Texte vermutlich unterschiedlichen Traditionen angehören und in Gen 6,1-4 jeglicher Flutbezug fehlt (s. Einleitung). Anders kommt es in der jüngeren Erzählung von 1Hen zu einer Personifizierung des Bösen, das jenseits des menschlichen Handelns entsteht. Denn die Menschentöchter sind passive Opfer der gegenüber Gott respektlosen Engel.

Theologische Transformationen der Wahrnehmung des Bösen

Die mythischen Erzählweisen in Gen 2-3 (s. Weish 2,24 zum Thema „Teufel") wie Gen 6,1-4 (s. 1Hen) laden zu einer theologischen „Re-Aktualisierung" in einem neuen religiösen und kulturellen Kontext ein. Dabei knüpft die jüngere Rezeption an die im Alten Testament an verschiedenen Stellen bezeugte himmlische Götter- oder Hofratvorstellung (1Kön 22,19; Hi 1-2) an und baut sie aus zu einer systematisierten Angelologie, die in verschiedene Gruppen von Engeln und von anderen übernatürlichen Wesen differenziert. Man könnte sagen, dass die alttestamentlichen Texte vorrangig vom Bösen als einer Sache reden, denn „der Satan" (in Hi 1,6 u.ö.) ist nicht „der Böse", sondern bezeichnet funktional den „Ankläger" in einem Rechtsfall (Hi 1,9: Ist Hiob „umsonst" gottesfürchtig?). Anders kennen die jüngeren Traditionen *den* Bösen als eine übermenschliche Person bzw. Figur, die unter verschiedenen Namen wie Satan (Eigenname), Teufel, Belial/r oder auch einfach „der Böse" (Mt 13,19; 1Joh 3,12 u.ö.; Eph 6,16) begegnet. Im Neuen Testament kann die Negativfigur sowohl ein Beauftragter Gottes (1Kor 5,5; 2 Kor 12,7), ein eigenständiger Herrscher (Joh 12,31 u.ö.) oder der Gott einer Gegenwelt sein (Eph 2,2), der mitunter mit der Paradiesschlange identifiziert ist (2Kor 11,3.14; Apk 12,9; 20,2). Diesem Verständnis nach bilden Satan, Sünde und Tod theologisch gesprochen eine Einheit, deren Macht durch den auferstandenen Christus gebrochen ist (Röm 6,9.23) und im Zuge seiner eschatologischen Wiederkehr vernichtet wird (1Kor 15,24-27).

Die Verstrickung in „Strukturen des Bösen", in denen der einzelne Mensch gefangen ist, ist im Alten und Neuen Testament unterschiedlich profiliert. Begegnet das Böse in alttestamentlichen Texten als Sphäre, als Wirkungsfeld, dem der Mensch nur mit Gottes Hilfe entkommen kann, nachdem die Sphäre wissentlich oder unwissentlich entstanden ist, rechnen die neutestamentlichen Texte mit einem Reich des Bösen, wie es ca. 300 Jahre vorher im 1Henoch-Buch narrativ ausgestaltet wurde. Gerade in der Urgeschichte ist ein dualistisches und auf göttliche Konkurrenz angelegtes Denken weitgehend fremd. **Die Figur eines gottähnlichen Gegenherrschers wäre im biblisch-hebräischen Denken als ein blasphemischer, da gegen die Einzigkeit Gottes gerichteter Gedanke inakzeptabel.** Das Böse breitet sich hier in tragischer Weise in der Schöpfung aus oder ist vom Menschen bewirkt.

4.2 Der Text heute – Themen und Bausteine

Kerstin Offermann

Der Text der vierten Einheit ist ein wenig bekannter und sperriger Abschnitt. Von Göttersöhnen und Riesen zu hören, ist im biblischen Kontext ungewohnt und entspringt mythologischem Denken. Der Text ordnet mythologisches Denken seiner Zeit in einen biblischen Rahmen ein. Hier ist es wohl für jede*n einsichtig, dass dieser Text nicht historische Ereignisse wiedergibt. Dennoch finden sich auch hier Wahrheiten über die Menschen, denen nachzuspüren lohnenswert ist.

Der 1. Henoch nimmt die Bild- und Gedankenwelt dieses kurzen Abschnittes auf und füllt dabei die Lücken. Er erklärt, was im Text offenbleibt, und hat mit seinen Bildern geistesgeschichtlich eine große Wirkung entfaltet. Die Frage danach, wo das Böse herkommt, wird im 1. Henoch ausführlich und eindeutig erklärt und in ein apokalyptisches Weltbild integriert. Von hier kommt die Idee des Engelsturzes und der Verbannung des Teufels. Spannender für heutige Leser*innen aber scheint es mir zu sein, wenn man diese Fragen offenlässt und an den durchaus aktuellen Fragen des Textes thematisch entlanggeht.

Machtmissbrauch und sexualisierte Gewalt

Die Göttersöhne nehmen sich die Frauen, die ihnen gefallen. Es geht hier also offensichtlich um ein Machtgefälle, in dem die Mächtigen sich einfach nehmen, was sie haben wollen – nämlich Frauen. Die Anklänge an die #metoo-Debatte sind mehr als augenfällig. Josh Blechner weist in seiner Auslegung zum Text auf Projekt *929* (**https://kurzelinks.de/0nr1**) darauf hin, dass auch mächtige Männer, Richter etwa, mit dem Begriff *elohim* gemeint sein können. Es geht also um Männer, die ihre Macht missbrauchen um korrupt und sexuell übergriffig zu handeln. Er schreibt: *When religious leaders, authority figures, or famous people use their position of power to dominate and abuse others, and when they use their power to do whatever they want simply because they want to without regard for anyone else, this perverse behavior so angers God that it is the catalyst for the destruction of the world.* („Wenn religiöse Führer, Menschen, die Autorität ausüben, oder berühmte Männer ihre Macht nutzen, um andere zu beherrschen und zu missbrauchen, wenn sie ihre Macht nutzen um zu tun, was immer sie wollen, ohne Rücksicht auf andere, dann erzürnt dieses Verhalten Gott so sehr, dass es zu einem Auslöser für die Zerstörung der Welt wird.")

Angesichts dieser Ohnmachtserfahrungen gegenüber übermächtigen Menschen bleibt oft nur das Gebet als Hilferuf, der sich flehentlich an Gottes Gerechtigkeit wendet, so in den biblischen Psalmen, aber auch in modernen Psalmen, wie in diesem Gebet von Anette Feigs:

Hilferuf

„Wo bist Du, Gott?" schreien wir,
wenn die Gewalt der Mächtigen
die Finsternis in dieser Welt
die Ängste der Menschen
die Tränen der Leidenden
schier endlos scheinen

Mache unsere Augen hellsichtig
für die Hoffnungszeichen
auf dieser Erde
für das immer neue Blühen
in der Natur

für die helfenden Hände
so vieler Menschen
für Friedensbemühungen
in aller Welt

Schenke uns
die Kraft des Gebetes
die Hoffnung und das Vertrauen
in den endgültigen Sieg
Deiner L i e b e

Wir erkennen als Gesellschaft erst langsam, in welchem Ausmaß Frauen und queere Menschen weltweit sexualisierter Gewalt ausgesetzt sind. Alle elf Minuten wird weltweit eine Frau oder ein Mädchen von ihrer Familie oder ihrem Partner getötet. 2018 wurden weltweit rund 50.000 Fälle von Menschenhandel in 148 Staaten erfasst, 65% davon Frauen und Mädchen. Mehr als eine Milliarde Frauen auf der Welt sind nicht durch Gesetze vor sexueller häuslicher Gewalt geschützt, wie man beim statistischen Bundesamt nachlesen kann (Quelle: Statistisches Bundesamt, **https://kurzelinks.de/nu6a**)

Aber auch bei uns ist das Thema, gerade sexualisierte Gewalt gegen Kinder, medial sehr präsent. Und bei sexualisierter Gewalt gegen Frauen wird ihnen gerne – wie im Text – eine Mitschuld gegeben, weil ihre Schönheit die Männer zur Gewalt gereizt haben soll. Auch **Schönheit** wird hier ambivalent geschildert. Das „sehr gut" aus Gen 1 bekommt dadurch eine andere Note. Schön sein ist gefährlich, wenn übermächtige Männer sich daran bedienen dürfen. Bei uns ist Schönheit auch deshalb ambivalent, weil gerade die jungen Mädchen und Frauen einem toxischen Schönheitsideal nachjagen, was sie dazu bringt, sich selbst abzulehnen und damit gegen sich selbst gewalttätig zu werden.

Langlebigkeit und Fruchtbarkeit sind eine schwierige Kombination. So hat Gott „Seid fruchtbar und mehret euch!" nicht gemeint! Gott begrenzt also die Lebensdauer, damit die Göttersöhne und ihre Nachkommen nicht rücksichtslos alle Ressourcen für sich verbrauchen. Wenn wir also daran arbeiten, unsere Lebensdauer deutlich zu verlängern, tun auch wir das auf Kosten anderer, da wir nach wie vor unseren westlichen Lebensstil auf Kosten der Menschen in der 2./3. Welt aufrechterhalten. Sicherlich wird diese Erkenntnis die Bemühungen um Lebensverlängerung nicht stoppen.

 Fragen Sie die TN, was für sie eine optimale Lebensspanne ist. Wie alt möchten sie werden? Was tun sie – oder würden sie tun – um ihr Leben zu verlängern? Wenn die Genetik soweit voranschreitet, eine Medizin gegen den Alterungsprozess der Zellen zu entwickeln, würden die TN diese Medizin einnehmen? Müsste man es dann nicht geradezu tun, weil man sonst die Menschen, die einen lieben früher als nötig verlassen müsste? Ist ein Leben unbedingt deshalb besser, weil es länger ist? Wie können wir in unserer kurzen Lebensspanne Zufriedenheit erfahren?

Unterscheidung und Vermischung

Der Text spricht sich deutlich dafür aus, dass wir gute, lebenserhaltende Grenzen wahren sollen. Die Vermischung von Göttersöhnen und Menschenfrauen im Text wird als eine Grenzüberschreitung dargestellt, die dem Leben nicht förderlich ist. Unser menschliches Wollen und Forschen läuft immer auf Entgrenzung hinaus. Was sind die Grenzen, die wir wahren müssen, um zu leben?

Die „Riesen" im Text bedrohen das von Gott geschaffene Leben, darum werden sie von Gott begrenzt. Mit den „Riesen" sind möglicherweise gottgleiche Herrscher in der Umgebung ge-

meint, die sich, wie die Göttersöhne einfach nehmen, was sie haben wollen. Welchen „Riesen"
unserer Zeit müssen wir uns widersetzen, um leben zu können? Der Idee des unbegrenzten
Wachstums? Der Selbstausbeutung und Fremdausbeutung im Namen des Wohlstandes? Der
Freiheit, jederzeit und überall hinfliegen zu können?
Wie wird gelingendes Leben möglich, wenn wir uns freiwillig um des Lebens willen einschrän-
ken? Oder ist gelingendes Leben unter solchen Bedingungen nicht mehr möglich?

Unsere Helden

Im *Herrn der Ringe* lässt J.R.R. Tolkien Gandalf bekennen: „Es sind die Menschen, in die wir
unsere Hoffnung setzen müssen." Helden und Heldinnen haben schon immer eine große
Rolle in der Fantasie der Menschheit gespielt. In Romanen, in Comics, in der Welt der Com-
puterspiele und in neuen Rollenspielen sind Helden und Heldinnen wichtige Charaktere.
Held*innen sind diejenigen, denen wir Rettung und Hilfe zutrauen. Dabei gibt es nicht nur
„Superheld*innen" sondern auch ganz alltägliche Held*innen: Anwält*innen, Polizist*innen,
Wissenschaftler*innen, Politiker*innen. In der Realität werden sie allerdings oft schnell fallen-
gelassen, wenn sie sich als menschlich und fehlbar erweisen.

 Teilen Sie den TN die Skizzen eines Superhelden und einer Superheldin aus. Bitten Sie
die TN, in die Skizze einzutragen, wer ein Held, eine Heldin ihres Lebens war – egal ob
Romanfigur oder reale Person. Was machte diese Personen zu Superheld*innen? Wel-
che Eigenschaften müssen die Held*innen haben, die wir brauchen? Tragen Sie zu-
sammen, was für Held*innen wir brauchen, um mit den Herausforderungen unserer
Zeit klarzukommen. Wie müssen sie sein? Was müssen sie können? Wer könnte es sein?
Wenn wir keine Helden mehr zur Verfügung haben, wie werden wir dann mit den
Herausforderungen des Lebens fertig? Welche Rolle spielt für die TN Gott dabei?

Dem Text nach stehen die Helden nicht mit Gott aus einer Stufe. Man hat den Eindruck, Gott
schaut sich das Treiben der Göttersöhne, Helden und Menschen aus der Ferne an und dreht
höchstens ein bisschen an den Stellschrauben des Lebens, greift aber sonst nicht ein. Er rettet
die Menschen auch nicht vor der sexualisierten Gewalt oder vor den Übergriffen der Riesen. Die
Menschen leben aber nur durch Gottes Zuwendung. Ohne seinen Geist sind sie nur Fleisch,
vergänglich, tot. Nur durch Gottes Geist sind sie lebendige Wesen. So hält Gott also immer noch
Leben und Tod in der Hand und bewahrt die Grenzen, innerhalb deren Leben gelingen kann.

 Ist das die Art und Weise, wie die TN Gott erleben? Oder ist Gott für sie eher so, wie er
in den letzten Texten geschildert worden ist: nah, in Kontakt, im Gespräch, emotional?
Legen Sie Karten mit unterschiedlichen Adjektiven (vgl. Downloadbereich) aus. Welche
davon lassen sich mit Menschen in Verbindung bringen? Welche stehen für Gott? Feh-
len noch Adjektive? Welche möchten die TN gerne ergänzen?

Liedvorschläge

* Nobody knows the trouble I've seen
* Du bist mein Zufluchtsort

4.3 Vorschlag für eine Bibelarbeit

Rita Müller-Fieberg

Vorbereitung

Inhaltlicher Schwerpunkt

Dieser rätselhafte wie weithin unbekannte Text besitzt mit der Schilderung vom Engelsturz im „Buch der Wächter" (1Hen 6,1-16,4) eine sehr viel prominentere außerbiblische Variante, deren Einbezug sich hier anbietet. Der inhaltliche Schwerpunkt des Abends soll aber auf der anthropologischen Fragestellung liegen: Der (eingeschobene) dritte Vers ordnet die mythische Erzählung in den biblischen Kontext ein und gibt ihr mit dem Fokus auf der Begrenzung menschlicher Lebenszeit eine neue Stoßrichtung. Wie kann Menschsein im Spannungsfeld von Begrenztheit und der Sehnsucht nach Grenzüberschreitung gelingen?

Verbindung zu anderen Einheiten

Auch in Gen 6,1-4 steht die Idee von Gottes Schöpfung als einem wohlgeordneten Lebenshaus im Hintergrund, in dem Grenzen geachtet sein sollen. Geschildert wird sowohl grenzüberschreitendes Verhalten in all seiner Ambivalenz (die Gottessöhne kommen auf die Erde und vereinen sich mit den Menschentöchtern) als auch die göttliche Grenzziehung in Bezug auf die Lebenszeit des Menschen (vgl. besonders die Nähe zu Text 2). Für die Figur des Henoch bietet Text 3 eine Basis.

Raumgestaltung

→ Stuhlkreis mit außenstehenden Tischen für das Schreibgespräch

Materialien und Medien

→ Tapete, dicke Stifte
→ Großer Ausdruck von Gen 6,1-4, Klebepunkte in drei Farben
→ TNH mit Gen 6,1-4 und 1 Henoch 6-8 (Auszug)

Zur Gestaltung des Abends

Liturgische Eröffnung

Gebet
GL 11,1 von Jörg Zink

Lied
Meine Zeit zum Träumen und Schauen (Das Liederbuch. Lieder zwischen Himmel und Erde)

Auf den Text zugehen (ca. 20 Min.)

1. Tapetenbahnen mit einzelnen Begriffen des Textes (Gottessöhne, Menschentöchter, Geist, Fleisch, Riesen, Helden) werden ausgelegt. Die TN sind eingeladen, durch ein Schreibgespräch über ihre Assoziationen in den Dialog zu treten.
2. Im Gespräch können Vorerwartungen geäußert werden: Was erwarten Sie von einem Text, in dem diese Begriffe vorkommen? (Evtl. wird hier der mythische Charakter des Textes schon antizipiert.)
3. L greift die Titelbegriffe „Fleisch" und „Geist" als Kernbegriffe biblischer Anthropologie und Schlüssel zu diesem Text noch einmal auf. Sie beschreiben das Wesen des Menschen zum einen in seiner Kreatürlichkeit, Begrenztheit und Vergänglichkeit („Fleisch"), zum anderen als immer wieder belebt, bewegt und „inspiriert" von der dynamischen Schöpferkraft Gottes („Geist"). Ggf. kann auch die paulinische Perspektive auf „Fleisch" und „Geist" mit ihrer Betonung der rettenden, lebendig machenden Kraft Gottes eingespielt werden.

Die Tapetenbahnen werden so im Raum platziert, dass auf die Gesprächsergebnisse im weiteren Verlauf des Abends zurückgegriffen werden kann.

Dem Text begegnen (ca. 30 Min.)

Lektüre von Gen 6,1-4
→ Der (sehr kurze) Text wird in einem großen Ausdruck aufgehangen und vorgelesen. Die TN sind eingeladen, in den Text verschiedenfarbige Punkte zu kleben. Jeweils einer Farbe zugeordnet werden die drei folgenden Satzanfänge: Was mich freut ... / Was mich irritiert ... / Hier habe ich eine Frage ...
→ Das nachfolgende Plenumsgespräch orientiert sich (auch) an den „Kumulationen" der geklebten Punkte, die Interesse und Bedarf signalisieren. Sicher sollten hier auch die anderen Begriffe der ersten Phase im Gesamtzusammenhang des Textes erklärend aufgegriffen werden.
→ Gen 6,3 wird vertiefend thematisiert. Deutlich wird die Abhängigkeit des Menschen vom Geist Gottes, der allein über Leben und Tod verfügt. Die Begrenzung der Lebenszeit auf 120 (3x40) Jahre birgt gleichzeitig auch die Hoffnung auf ein erfülltes Leben. Auch die Lebenszeit des Mose wird mit 120 Jahren angegeben (Dtn 34,7), was an der realen Lebensspanne, damals wie heute, gemessen immer noch großzügig ist. Bei aller Begrenztheit und Unabgeschlossenheit, die menschliches Leben immer mit sich bringt (auch im Fall des Mose, der das gelobte Land selbst nicht mehr betreten darf), richtet sich der Blick auf die Gestaltung der geschenkten Zeit: Wie kann Leben innerhalb der gesetzten Grenzen gelingen?

Textvergleich Gen 6,1-4 / 1 Henoch 6-8 (Auszug)
Nach einer kurzen Hinführung durch L (Informationen zur Entrückung des Henoch in Gen 5,24, zu den apokryphen Henoch-Überlieferungen und zur christlichen Wirkungsgeschichte des „Engelsturzes" vom Judasbrief bis heute) werden die Texte (vgl. Textblatt) im Partneraustausch verglichen:
→ Vergleichen Sie Gen 6 und den Henochtext. Welche Gemeinsamkeiten gibt es?
→ Was ist ganz anders?
→ Was wird über die Menschentöchter gesagt? Was über die himmlischen Wesen?

→ Wie werden die gemeinsamen Kinder beschrieben und bewertet? Steckt darin vielleicht eine Erfahrung mit der Zwiespältigkeit des Menschen und seiner Fähigkeiten?

→ Was lernen die Menschen von den Engeln? Vergleichen Sie, welche Kulturtechniken von den Nachkommen Kains erwähnt werden. Was sagt die Herkunft dieses Wissens über die menschliche Kultur aus?

→ Was möchte der Text Gen 6 erklären?

→ Was erklärt der Henochtext?

→ Mit welcher Gesamtperspektive enden die beiden Texte? Wie kann es weitergehen?

Ins Auge fällt die abweichende Intention des äthiopischen Henochbuches, mit dieser Erzählung den (außermenschlichen) Ursprung des Bösen zu erklären. Die Gottessöhne werden mit Engeln identifiziert, ihre „Vermischung" mit den Menschentöchtern bringt einerseits einen Zuwachs an Kulturtechniken, andererseits werden die Nachkommen aus diesen „übergriffigen" Verbindungen zu einer Bedrohung für die Menschheit. Erst das Gericht über die Engel ermöglicht ein erfülltes, blühendes Leben in Gerechtigkeit. Der Genesistext weist zwar motivische Parallelen auf, ist aber weder eine Strafgeschichte noch eine Ätiologie des Bösen in der Welt.

Mit dem Text weitergehen (ca. 20 Min.)

Wie kann erfülltes Menschsein bei aller Begrenzung aussehen? Als mögliche Impulse für die Gespräche in kleinen Gruppen könnte man anbieten:

(Mein) Menschsein – Anthropologie konkret

→ „Fleisch" sein

→ Vom Geist Gottes belebt sein

→ An Grenzen stoßen und Grenzen austesten

→ Macht und Machtmissbrauch

→ Von der Sehnsucht nach Helden

→ Riesen- und Heldenmomente

→ Was macht einen Menschen „namhaft"?

Die TN werden gebeten, aus wichtigen Gedanken ihres Gespräches neue Strophen für das Eröffnungslied „Meine Zeit zum Träumen und Schauen" zu formen.

Liturgischer Abschluss

Text/Gebet „Hell leuchte ich auf. Pfingstpsalm"

Wie ein Feuer entfache dein Geist
in mir temperamentvolle Leidenschaft,
dein Wort brenne in mir,
hell leuchte ich auf, randvoll mit Leben.

Wie ein Sturm fahre mir in die Knochen
und schüttle mich durch,
löse alles, was verhärtet
und kalt meine Schritte behindert.

Reiß mich heraus
aus meinen schön geputzten Gleisen,
fliegen will ich,
mach weit meinen eingeengten Blick.

Sprengen will ich die Rüstung,
die mich gefangen hielt,
schützen sollte sie mich,
doch sie nahm mir die Luft.

Die sie mir anlegten, will ich verlassen
mit schnellem Schritt,
ihre goldverbrämten Fesseln streife ich ab,
sie halten mich nicht.
Sanft wie der kühle Abendwind
auf den Höhen Jerusalems
streichle dein Geist meine Seele,
heile behutsam unvernarbte Wunden.

Er befreie mich von aller Bitterkeit
und dem Schmerz nach Enttäuschungen.
Die sie mir zufügten verschone er
von meiner Lust an Rache und Vergeltung.

Sie sollen vergehen im Feuer
deiner entwaffnenden Liebe,
zu Asche werden sollen Gedanken der Wut
und des giftigen Hasses.

Dein Rückenwind treibe mich kraftvoll voran,
kein Blick mehr zurück,
versöhnen will ich mich mit allem,
was schwer war, jetzt gilt jeder Tag.

Danken will ich dir für deine Geduld mit mir,
deinen langen Atem,
der mich umgibt, durchpulst
und unermüdlich belebt.

Mit seiner Kraft setze ich
Segel auf stürmischer See,
trotze ungünstigem Wind
und den sich auftürmenden Wellen.

In tausend Sprachen wird bestaunt

deine prachtvolle Schöpfung,
neu entdecken will ich, was du
an Vielfalt geschaffen.

Mit gefalteten und ungefalteten Händen
will ich dich preisen,
ich tanze Psalmen ohne Scheu,
lebenskeck und unbändig froh.

Durchglühe mich weiter,
Urgrund des Lebens, lass mich nie los,
sei mit mir auf meinen Wegen und Umwegen,
halte mich aus.

Ein Quäntchen Leichtigkeit und heitere Gelassenheit
erbitte ich fast frech dazu.
Würze mit ihnen mein Leben,
bisweilen lass mich lachen über
mich selbst. Herzhaft!

Von deiner Fantasie sollen purzeln
bunte Gedanken in meine Tage,
bewahren sollen sie mich
vor Langeweile und selbst-
gefälliger Monotonie.

Erfrische mich im er wieder
mit Unerwartetem, mit Überraschungen,
befeure die Liebe in meinem Herzen,
lass mich sie zeigen

allen, die mir nah sind,
an deren Schulter ich mich ausruhend lehne,
und allen Fremden, die meinen Weg kreuzen
und ihn vielfältig bereichern.

Ich danke dir, Ewiger,
unerschöpflicher und stärkender Quell allen
Lebens,
dein kraftvoller Geist halte zusammen
deine zerbrechliche Welt.

(„Hell leuchte auf" aus: Stephan Wahl: Erwarte von mir keine frommen Sprüche. Ungeschminkte Psalmen. , © Echter Verlag, Würzburg, 3. Auflage, S. 99-101)

Lied
Das Lied „Meine Zeit zum Träumen und Schauen" wird mit den neu entstandenen Strophen gesungen.

Vaterunser

Segen

    Guter Gott, unsere Zeit steht in deinen Händen (Ps 31,16a).

    Segne all das, was unser Leben ausmacht:

    unsere Schwachheit und unsere Stärke,

    unsere Ängste und unsere Sehnsüchte,

    unsere Winzigkeit und unsere Größe.

    Segne uns mit deinem Geist und schenke uns Leben in Fülle.

    Amen.

4.4 Bildbetrachtung

Johannes Beer

Friederike Kirchner: Genesis 5+6 Göttersöhne, Öl auf Leinwand, 2022, 40,5 x 32,5 cm

Eine Reihe von Menschen unterschiedlicher Größe finden sich auf diesem Bild. Sie stehen und laufen auf einem Berghang, der sich von links nach rechts abfallend durch die untere Bildhälfte zieht. Der Hang ist in Gelb-, Grün- und wenigen Ockertönen gehalten, sodass er bewachsen wirkt. Um den Berg zieht sich ein Kranz aus zwei Reihen Kumuluswolken. Über dem Berg ist der blaue Himmel mit wenigen hellen und ein paar dunklen Wolken zu erkennen. Nach oben hin wird er immer dunkler.

Die sechs Menschen, die wieder hell gefüllt und mit wenigen Linien ins Bild gesetzt sind, treten immer zu paarweise auf. Sie sind unterschiedlich groß, ragen aber alle über die Wolken hinaus. Offenbar sind alle Paare jeweils unterschiedlichen Geschlechtes, auch wenn das wegen der reduzierten Art der Darstellung bei dem mittleren Paar nicht ganz eindeutig ist. Bei den anderen beiden trägt der Mann jeweils einen längeren Bart, während bei den Frauen Brüste zu erkennen sind. Das hintere Paar, links im Bild, ist eng beieinander. Das Mittlere ist einander zugewandt. Sie halten ihre Hände ineinander und schauen sich gegenseitig in die Augen. Gleichzeitig steht die linke Figur, vielleicht die Frau, auf Zehenspitzen. Die beiden wirken, als wollten sie zusammen tanzen oder sich küssen. Das vordere Paar geht offenbar den Berghang hinab in die weite Welt hinein. Die Frau hat sich zu dem Mann umgewandt. Seine linke Hand liegt in ihrer linken. Der Mann hat seinen Kopf zurückgedreht. Er schaut über die Schulter und über die anderen Menschen hinweg auf ein Gesicht am Himmel. Bei der Frau ist es nicht eindeutig, ob sie ihren Mann anschaut oder dessen Blick auf das Gesicht folgt. Das Gesicht schiebt sich von oben links in das Bild. Es scheint direkt aus dem Himmel zu kommen, da sich das Blau des Himmels locker um Stirn und Schläfe des Gesichtes wölbt. Das Gesicht erwidert den Blick des Paares. Oder ist es gerade umgekehrt? Gesichtsausdruck und Blick des Gesichtes wirken forschend, beobachtend und nachdenklich. Da ist kein Lächeln, aber auch kein Unbehagen. Die Wolken können einfach niedrig hängen, aber hier verdeutlichen sie Größe der Menschen, die eben über die Wolken herausragen. Es sind die Riesen, die Helden der Vorzeit aus der biblischen Erzählung dargestellt. Die Göttersöhne hatten Gefallen an den Menschentöchtern gefunden und nahmen sie sich zu Frauen. Gott, der hier aus dem Himmel herab sein Gesicht beugt, sah sich das ganze genau an. Er prüft und wägt ab und begrenzt schließlich die Lebenszeit der Menschen auf 120 Jahre.

5 | Tod und Rettung

5.1 Exegese

Michaela Bauks

Die biblische Fluterzählung wirkt angesichts der realen Flutkatastrophen, die die Welt bis heute heimsuchen, ganze Landstriche zerstören und Menschen den Tod bringen, in besonderer Weise denkwürdig und anstößig. Denn die biblische Fluterzählung ist als ein vorsätzliches Strafgericht Gottes beschrieben. Wie kommt es dazu und was ist der theologische Sinn? Gen 6-8 berichtet, dass Gott seine Schöpfung bereut und die zerstörende Flut bereitet – doch am Ende bereut Gott wiederum die Flut, indem er verspricht, nie wieder eine so umfassende Zerstörung zuzulassen. Diese Einheit behandelt das auf den ersten Blick widersprüchliche Gottesbild, das die Frage nach der Allmacht Gottes stellt und über mögliche Erklärungen und Antworten nachdenkt, die dieses fast „launisch" erscheinende Wirken Gottes plausibilisieren und zu dem theologischen Kern der Erzählung vordringen.

Strukturskizze von Gen 6,5-9,19

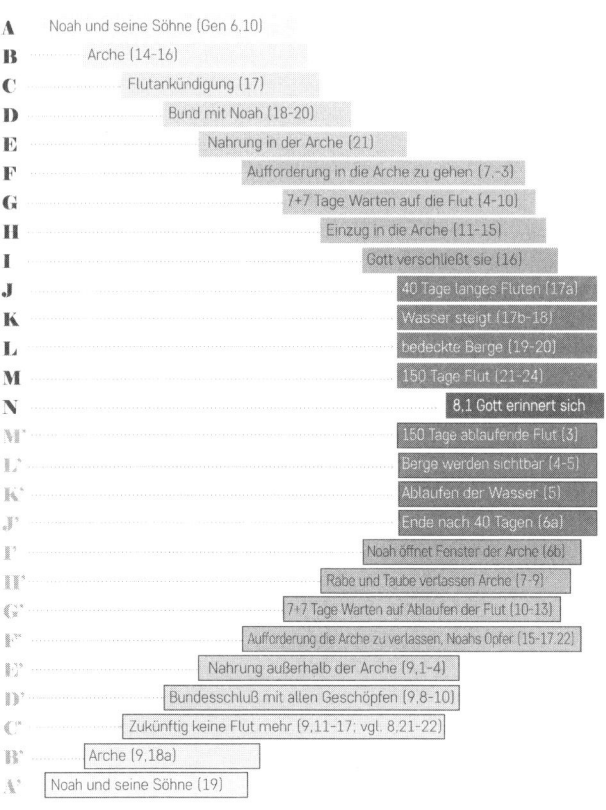

Die Fluterzählung enthält eine Doppelüberlieferung, die zwei unterschiedliche Traditionen, die ineinander gearbeitet sind, umfasst. Die priesterschriftliche Version scheint die in ihrer Vollständigkeit strukturgebende zu sein. Man erkennt sie an der Verwendung des Gottesnamens „Gott" statt „JHWH" (s. Einleitung). Dennoch lässt sich der vorliegende Endtext zumindest in Gen 6,10-9,19 gut als eine verhältnismäßig stimmige Ringkomposition darstellen.

Die Kernaussage dieser aus Motiven rekonstruierten Ringkomposition liegt darin, dass Gott sich inmitten der Flut an Noah erinnert (Gen 8,1), von seinem anfänglichen Zorn (6,6) ablässt und den Vernichtungsbeschluss (6,5.13) zurücknimmt. Obwohl Gott darum weiß, dass der Mensch sich immer wieder von

ihm entfremden wird, verspricht er, keine derart umfassende Zerstörung mehr zuzulassen (8,21; 9,11). Es ist also Gott, der sich im Laufe der Erzählung verändert.

Die literarischen Motive

Flutgeschichten sind im Alten Orient ein weit verbreitetes literarisches Motiv. Im babylonischen Atramḫasis-Epos sind die geschaffenen Menschen dazu da, den Göttern zu dienen. Sie sind verantwortlich für den Kanalbau, für die Fruchtbarmachung des Landes und für die Opferdienste zur Ernährung der Götter. Als die Menschheit so zahlreich wird, dass sie den Hauptgott Enlil mit ihrem Lärm um den Schlaf bringt, beschließt dieser ihre Zerstörung. Der Gott der Weisheit namens Ea rettet aber einen Weisen und Gerechten, indem er ihn zum Bau eines Bootes auffordert und versteckt. Die Muttergöttin, die die Menschheit geschaffen hat, erkennt am Ende der Flut das Ausmaß der Zerstörung und bereut sehr, sie nicht verhindert und stattdessen ihre Geschöpfe preisgegeben zu haben. Als Zeichen, dass solch ein Ereignis nicht nochmals geschieht, trägt sie fortan einen Halsschmuck, der sie immer wieder an ihren Entschluss erinnern soll. Selbst Enlil, der für die Flut verantwortlich ist, erkennt am Ende, dass er die Menschen wegen ihrer Dienste für die Götter braucht und zeigt sich auch ein wenig erleichtert, dass Ea hinter seinem Rücken ein Exemplar der Gattung gerettet hat. In Zukunft soll die Menschheit zwar immer wieder durch Krankheit und Tod dezimiert werden, um die Zahl der Menschen nicht zu groß werden zu lassen und den für die Götter störenden Lärm einzudämmen. Doch ihr Bestand ist gesichert.

Es gibt zahlreiche Parallelen zwischen den biblischen und altorientalischen Traditionen. Insbesondere die Vogelszene in Gen 8,66-11 wirkt wie eine Kopie aus dem Gilgamesch-Epos (Taf. 11,147-156). Doch ist auch der Unterschied zu der biblischen Erzählung deutlich: In der mesopotamischen Tradition des Atramḫasis-Epos sind mindestens drei verschiedene Götter am Werk. Somit ist auch die Verantwortung für die einzelnen Aktionen unter ihnen aufgeteilt: Enlil agiert (etwas unüberlegt und wenig weitsichtig), Ea indes sieht klar voraus und bereitet das Nachher durch die Rettung eines einzelnen, besonders ausgewiesenen Menschen vor, und die Muttergöttin zeigt schließlich offene Reue darüber, Enlil gegenüber nachgegeben zu haben und ihre Kreatur nicht vor der Zerstörung beschützt zu haben. Diese verschiedenen Rollen und Verantwortlichkeiten fallen in Gen 6-8 dem einen Gott zu. Er ist der Schöpfer, Zerstörer, Retter und Erhalter. Die Zerstörung ist also nicht dem Gerangel verschiedener Figuren zuzuschreiben, sondern Gott allein hat die Flut zu verantworten. Sein Antagonist und Gegenspieler ist die Kreatur, die sich gegen die Vorgaben seiner Schöpfungsordnung entwickelt, und nicht etwa ein konkurrierender Gott. **In den altorientalischen Erzählungen ist die Rolle des Menschen auf die eines Statisten bzw. Patienten reduziert, an dem und über dessen Kopf hinweg die Götter handeln. Das ist in der Bibel deutlich anders.**

Theologische Themen

Während die altorientalischen Parallelen die Flut auf einen Streit zwischen den Göttern zurückführen, weist die biblische Fluterzählung die Verantwortung für die Zerstörung den Geschöpfen zu. Die anfänglich sehr gute Schöpfung (Gen 1,31) zeigt bereits in den ersten Kapiteln der Urgeschichte schwerwiegende Schwachstellen, die in der Fluterzählung ihren Höhepunkt erreichen. Die Bosheit des Menschen und das böse Trachten des menschlichen Herzens führen Gott dazu, sein Werk zu bereuen, Kummer in seinem Herzen zu empfinden und die Zerstörung der Geschöpfe zu beschließen (Gen 6,5f). Gen 6,11-13 wiederholt diesen göttlichen Entschluss nochmals vertiefend: Weil die ganze Erde voll Gewalttat ist, sollen die Geschöpfe zusammen mit ihr vernichtet werden.

Die beinahe menschlich beschriebenen Empfindungen Gottes sind zwar in unseren Augen ungewöhnlich, doch im Alten Testament verbreitet. Gen 6-8 präsentiert ein sehr emotionales Gottesbild: Gott zeigt Reue und ist bekümmert in seinem Herzen (Gen 6,6), er denkt zugewandt (hebr. „erinnert sich") an die Lebewesen in der Arche und beschließt, die Flut zu beenden (8,1). Wegen des guten Dufts der dargebrachten Opfer beschließt er die ewige Bestandszusage der Schöpfung (8,21f).

> Der Theologe Jan-Dirk Döhling beschreibt Gottes Reue als eine sehr außergewöhnliche Facette im alttestamentlichen Reden Gottes. Es wirft die spannende Frage auf, inwiefern Gott Emotionen zugeschrieben werden können. Die Bibel beschreibt Gott auf „anthropopathische" Weise, also spricht ihm menschenartige Handlungen, menschliche Gefühle und Körperteile zu. All diese Beschreibungen und die Stellen, an denen sie vorkommen, brechen mehr Fragen zum biblischen Gotteszeugnis auf und erzeugen vor allem Spannungen mit den angenommenen Grundsätzen klassischer philosophischer und systematisch-theologischer Gotteslehre.

Einerseits erinnert das emotionale Agieren an das Verhalten der mesopotamischen Götter, andererseits haben die biblischen Verfasser die theologische Reflexion neu aufgestellt: Auch sie versuchen, den schwierigen Sachverhalt, dass der Schöpfer seine Schöpfung verwirft, in Bildern zu erklären, die an menschliches Verhalten anknüpfen. Auf diese Weise wird das göttliche Handeln rationalisiert. Das mag auf den ersten Blick naiv wirken, umgeht aber die Schwierigkeit, die Spannung von göttlichem Zorn und göttlicher Gnade definieren zu müssen, statt sie als offene Frage zu belassen. So bleibt der Abstand zwischen Gott und Mensch bewahrt. Und der Mensch, der seiner Verantwortung nicht gerecht wird, vergeht.

Das biblische Gottesbild der Fluterzählung

Der grundlegenden Aussage über die Bosheit bzw. Gewalt der Menschen (Gen 6,5ff) gehen die Erzählungen in Gen 3,1-6,4 voran. Auch wenn diese Texte vielleicht gar nicht von Anfang an als eine Texteinheit zusammengehörten, sondern die Urgeschichte in Gen 1-11 eine spätere Sammlung unterschiedlicher Traditionen darstellt (s. Einleitung), markieren sie in der uns vorliegenden Bibel die Leserichtung. Die sehr gute Schöpfung und ihre ausgewogene Ordnung (Gen 1,31) hat deutliche Einbrüche erfahren: Diese reichen vom vielleicht fahrlässigen Ungehorsam des ersten Menschenpaares (Gen 3,1ff) zu Kains Desinteresse an der göttlichen Warnung (Gen 4,6f) bis hin zur gezielten Übertretung und Vermischung göttlicher und menschlicher Sphären (Gen 6,1-4). Die Leser*innen sind sich also durchaus bewusst, dass die sehr gute Schöpfung hart angegriffen ist und die Menschen ihrer Bestimmung als Statthalter der Schöpfung (Gen 1,26-28) keineswegs entsprechen. Die Fluterzählung schildert somit die folgerichtige Konsequenz für die Anfechtung der Schöpfungsordnung von Gen 1. Gott entschließt sich nämlich unter Schmerzen, also in tiefer innerer Not (V. 6 „und es tat seinem Herzen weh"), den für ihn schweren, aber zur Wahrung der auf das gute Zusammenleben der Geschöpfe zielenden Ordnung notwendigen Schritt zu tun: Er löscht die Kreatur aus, die seine gute Ordnung zu zersetzen droht. Denn Gewalt gebiert weitere Gewalt (Gen 4,23f), und die Eskalation darf nicht ins Unermessliche voranschreiten. Gott sieht keinen anderen Weg als dem bösen Tun der Geschöpfe ein Ende zu bereiten. Wenn Noah in Gottes Augen Gnade findet (Gen 6,8) und (mit seiner Familie) gerettet wird, ist in V. 9 seine Gerechtigkeit und Frömmigkeit hervorgehoben. Wie bereits Henoch (Gen 5,22.24) oder später Abraham (Gen 17,2) wandelt auch Noah mit Gott und versucht dessen Schöpfungsordnung zu entsprechen. Er wird darin zum Hoffnungsträger der neuen Schöpfung, da er die Nähe zu Gott sucht.

Das Ende der Flut ist in zwei Varianten berichtet: Zuerst dankt Noah Gott mit einem Brandopfer für die Rettung (Gen 8,20) und waltet so zugleich des Amtes, das auch die altorientalischen Traditionen den Menschen zugewiesen haben: die Ausführung des Gottesdienstes. Infolge des beruhigenden Opferdufts wendet sich Gott seinem Werk wieder zu und beschließt, die Schöpfung nicht mehr zu zerstören. Er nimmt seinen Vernichtungsbeschluss zurück, obwohl er voraussieht, dass sich die Menschheit nicht grundlegend ändern wird. In einem Akt der Barmherzigkeit wird der Fortbestand der Erde und ihrer grundlegenden Lebensrhythmen garantiert: „Ich werde den Erdboden wegen des Menschen nie mehr verfluchen; denn das Trachten des menschlichen Herzens ist böse von Jugend an. Ich werde niemals wieder alles Lebendige schlagen, wie ich es getan habe." (V. 21). Gott verändert also seine Warte, er passt sich gewissermaßen den Gegebenheiten der Schöpfung an, tut dies jedoch, ohne die Ordnung grundsätzlich aufzuheben. Er sucht den Weg der Bewahrung darin, dass er sich auf seine Schöpfung zubewegt. Er sagt den Fortbestand ihres äußeren Rahmens zu und bietet sich als ein den Menschen zugewandter Gott an. In einem zweiten Schritt schließt er mit Noah einen Bund, der diesen Entschluss nochmals feierlich bestätigt (Gen 9).

Nun ist diese Beschreibung des sich wandelnden Gottesbildes bemerkenswert. Aus prophetischen Texten kennen wir den Zorn Gottes, der sich gegen Israel richtet, wenn es sich gegen ihn versündigt hat (Jes 5,25; 9,11; Ez 7,3), während die gnadenvolle Zuwendung ein Merkmal der (nach-)exilischen Prophetie ist (Jer 42,10-12). Gott schickt Feinde mit Krieg und Zerstörung, Hungersnöte und andere Katastrophen, um Israel zu strafen und auf den Weg zu ihm zurückzubringen. Davon ist in Gen 6-8 nicht die Rede. In Gen 6,5ff bereut Gott stattdessen sein Werk und fasst konsequent den Beschluss der beinahe kompletten Vernichtung. Doch ist dieser Entschluss von Anfang für ihn von Schmerzen gezeichnet. Gott weiß, was er tut, und erkennt nicht etwa erst im Nachhinein, was für Konsequenzen die Tat haben wird (wie es z.B. mit der Muttergöttin in den altorientalischen Mythen oder aber bei Kain in Gen 4 der Fall ist). Vielmehr ist er sich über seinen Schritt im Klaren und vollzieht ihn in tiefer Anteilnahme, um am Ende seinen Beschluss zu revidieren und der Schöpfung eine neue Chance zu geben.

Der Mensch – (k)eine Marionette

Gen 6,5-8 führt den Gegensatz von menschlicher Bosheit und göttlicher Gnade, wie sie in Gen 8,21 zum Ausdruck kommt, deutlich vor Augen. Auf den ersten Blick erschrecken wir über Gottes Strenge und Ohnmacht: Warum kann er die Welt nicht anders als durch Zerstörung retten? Doch auf den zweiten Blick wird erkennbar: Gott nimmt den Menschen in seinem Handeln ernst. Anders als die altorientalischen Traditionen ist der Mensch hier nicht nur ein passiver Diener. Er ist innerhalb der Schöpfung zum Handeln und zur Entscheidung ermächtigt und keine Marionette der Götter. Das hat aber tiefgreifende Konsequenzen, weil das Verhältnis von Gott – Mensch – Welt neu bestimmt werden muss und von menschlicher Mitsprache und Verantwortung geprägt ist. **Im Verlauf der Fluterzählung rückt die göttliche**

Zuwendung ins Zentrum. Gott ist zugewandt-empathisch, er verändert sich, um sich an seine Schöpfung anzupassen. Und er sucht nach Wegen, um an dem Geschöpf Mensch festhalten zu können. Die sogenannten noachidischen Gebote in Gen 9,3-6 sind ein erstes Beispiel für die nötige Revision (s. Thema „Bund und Leben" auf S. 101). Auch der gerechte Noah ist ein Typos des gerechten und Gott zugewandten Menschen, der der Menschheit zur Orientierung dient, aber nicht zum Heiligen stilisiert wird (s. Gen 9,18-29). Der nach Erkenntnis, Wahrheit und Gerechtigkeit drängende Mensch bedarf des göttlichen Zuspruchs sowie der Anleitung und Begleitung im Dialog mit Gott. Die Fluterzählung vermittelt ein realistisches und abgeklärtes Bild des Menschen, welcher der Zuwendung Gottes bedarf, um leben zu können.

Zur theologischen Bedeutung der Figur

Der norwegische Autor Karl Ove Knausgård, liefert in seinem Roman „Alles hat seine Zeit" eine moderne Lektüre der Noahgeschichte, die die Figur als einen aus der Familie ausgegrenzten Einzelgänger charakterisiert, der sich beim Ansteigen der Flut allem entzieht und mit Stöcken bewaffnet verhindert, dass sogar seine Geschwister und ihre Familien sich auf das heimlich gebaute Schiff retten können. Er führt seinen Auftrag in geradezu technokratischer Weise durch, er ist ein radikaler Aussteiger, der in einem Schiff über vielen Leichen treibt. Die biblische Fluterzählung ist jedoch keine Endzeitgeschichte. Sie endet nicht mit der Zerstörung, sondern mündet in den Aufbau einer neuen Lebenswelt für den Menschen. Diese Welt behält zwar ihre negativen Züge und ist darin sehr real. Doch wird die „neue Schöpfung" unter das Zeichen des Bundes mit Gott gestellt (Gen 9), der der Menschheit fortan eine unbedingte Zusage gibt (vgl. schon Gen 8,21f).

Vermutlich will die Fluterzählung weniger an ein bestimmtes vergangenes Ereignis einer Überschwemmung erinnern als vielmehr Menschen zum beherzten Umgang mit den negativen Erfahrungen in der Welt aufrufen. In der Zuwendung zu Gott lassen sich auch die lebensbedrohlichen Dinge angehen und Probleme bewältigen bzw. Katastrophen überstehen. Die Menschheit kann und soll sich auf die Zuwendung und Treue Gottes verlassen. So wird die Fluterzählung am Ende zu einer Hoffnungserzählung.

5.2 Der Text heute – Themen und Bausteine

Kerstin Offermann

Tödliche Wassermassen

Zwei Einheiten dieser Bibelwoche beschäftigen sich mit Noah, entsprechend der zwei Noah-Erzählungen der Bibel, die allerdings meist als eine Einheit behandelt werden. Hier kommen die unterschiedlichen Schwerpunkte der beiden Erzählungen zu ihrem Recht. In Einheit 5 liegt der Schwerpunkt auf der Flut und der Veränderung in der Wahrnehmung und Kommunikation Gottes und der Menschen. In Einheit 6 wird der Schwerpunkt auf dem Versprechen Gottes liegen und auf dem Leben nach der Flutkatastrophe.

Was in der ganzen Urgeschichte latent zugegen war und immer wieder durchschien, wird nun grausam sichtbar: Die menschliche Existenz und mit ihr die gesamte Schöpfung ist bedroht, gefährdet und fragil. Das Chaos, das im Hintergrund als ständige Bedrohung lauerte, greift um sich und attackiert die Schöpfung, um sie zu vernichten. Dieser Gedanke, diese Erfahrung, gehört seit jeher zum Bewusstsein der Menschen. Mal tritt er in den Hintergrund, mal ist er – so wie heute – sehr präsent.

Der Bibeltext nutzt für diese Erfahrung das Bild des Wassers. So lebensspendend Wasser sein kann, so bedrohlich ist es auch. Schon Gen 1 erzählt in den ersten Versen von beiden Aspekten des Wassers. Hier entfaltete es seine Vernichtungskraft. In der Offenbarung wird durch die Verheißung „Das Meer ist nicht mehr" ein Ende der Bedrohung der Schöpfung in Aussicht gestellt. Wie bedrohlich Wassermassen sind, lässt sich ja gerade weltweit an vielen Stellen hautnah miterleben. Vor allem durch die Flutkatastrophe an der Ahr ist uns die Bedrohung sehr nah gekommen.

 Bieten Sie den TN Raum dafür, Ihrer Besorgnis und Betroffenheit Ausdruck zu verleihen. Legen Sie z.B. das Wort „WASSERMASSEN" in den Raum. Bitten Sie die TN, auf Karteikarten ihre Assoziationen aufzuschreiben und dazuzulegen. Lesen Sie anschließend den Ahr-Psalm (https://kurzelinks.de/jw6m) von Stephan Wahl vor. Halten Sie Scherben und Steine bereit. Bitten Sie die TN, eine Scherbe oder einen Stein zum Wort WASSERMASSEN zu legen und diese mit ihrer Klage, ihrem Gebetsanliegen oder ihrer Fürbitte schweigend oder ausgesprochen zu verbinden.

Göttliche Reue. Göttliches Herz. Göttliche Nase

Das im Text gezeichnete Gottesbild ist anstößig – sowohl durch seine hohe Emotionalität und Menschlichkeit als auch durch seine Brutalität. Gottes interner Konflikt eskaliert. Gott scheitert an sich selbst und er scheitert am Menschen. Fast könnte man meinen, Gott habe vom Menschen gelernt, Konflikte mit Gewalt zu lösen. Der Text stellt provokante Fragen, ja, er verschärft die Fragen sogar, aber beantwortet sie nicht. Dadurch stellt sich der Text neben uns und unsere Fragen. Wie kann Gott so grausam sein und so unüberlegt handeln? Fast möchte man meinen, Gott wäre cholerisch, sodass er besänftigt werden muss, wie es am Ende des Textes erzählt wird.

Erarbeiten Sie mit den TN die im Text befindlichen emotionalen Aussagen über Gott und über den Menschen anhand des im Text verwendeten Bildes des Herzens. Was tut den TN „im Herzen weh?" Wie verhalten sie sich dann? Was denken sie, was Gott „im Herzen weh tut"? Passt das beschriebene Verhalten Gottes zu dem, wie sie selbst sich verhalten würden oder wie sie es von Gott erwarten?

Gen 8,1 ist ein Wendepunkt in der Geschichte, auf den die Gesamtkomposition zuläuft. Gott erinnert sich. Positiv gewendet bedeutet das: Gott denkt an uns und segnet uns. Aber darin ist ja auch der Gedanke enthalten, dass Gott zuvor vergessen hat und sich abgewendet hat. Das entspricht der Gotteserfahrung vieler Menschen. Vergessen zu werden, ist zutiefst schmerzhaft und kränkend. Leben wir nicht davon, darauf zu vertrauen, dass Gott uns eben nicht vergisst – in Ewigkeit nicht?!

Bosheit und Gerechtigkeit

Die Bosheit der Menschen und die Gerechtigkeit Noahs werden im Text einander gegenübergestellt und als Gründe für Gottes Handeln angeführt. Worin besteht die Bosheit der Menschen? Was macht Noah zu einem gerechten Menschen? Ist ein Gott, der so handelt, gerecht? Ist es gerechtfertigt, boshafte Menschen und mit ihnen die ganze Schöpfung zu vernichten? Der Name „Noah" bedeutet „Ruhe / der Beruhigende". Beruhigt Noah Gott? Muss Gott besänftigt werden? Im Grunde tragen wir dieses Bild Gottes noch mit uns herum, wenn wir es als ungerecht empfinden, dass jemand leidet oder (früh) stirbt, obwohl er oder sie doch so ein guter Mensch gewesen ist. Müssen wir Gott dazu überreden, gut zu uns zu sein? Können wir Gott dabei überhaupt beeinflussen oder ist Gott so unberechenbar und wankelmütig, wie er in dieser Geschichte beschrieben wird? Im Text geschieht diese Beeinflussung Gottes im Opfer-Kult. Sind also bei uns Gebete und Gottesdienste eine Form der Einflussnahme auf Gott?

 Sprechen Sie mit den TN über den Zusammenhang von Gerüchen und Gefühlen. Halten Sie evtl. ätherische Öle bereit, um auszuprobieren, wie Gerüche Emotionen erzeugen. Oder sprechen Sie darüber, welche Gerüche die TN selbst als angenehm empfinden, welche sie mit Erinnerungen verknüpfen, welche ihnen unangenehm sind.

Göttliche Reue – und erneute Reue

Jack Miles schreibt in *Gott, eine Biographie:* „Das Auftreten göttlicher Reue (...) ist das erste Auftreten der Gottheit als echter literarischer Gestalt im Unterschied zu einer mystischen Gestalt oder einer bloßen Bedeutung, die mit einer allegorischen Stimme begabt ist. Das eigentümliche, kulturell determinierte innere Leben des abendländischen Menschen beginnt in gewisser Weise mit dem gespaltenen inneren Leben der Gottheit, und das innere Leben der Gottheit beginnt mit der Reue eines Schöpfers". Das (literarische/philosophische) Nachdenken des Menschen über sich selbst beginnt also mit der Selbstreflexion Gottes.

 In welchem Zusammenhang kennen die TN „Reue" von sich selbst? Ist es ein starkes Gefühl? Zu welchen Handlungen führt es? Wie stelle ich mir vor, dass Gott sich zu dieser Welt verhält? Was könnte Gott angesichts unserer heutigen Welt denken oder fühlen?

Naturkatastrophe und Gott zusammendenken

Das verheerende Erdbeben in Lissabon 1755 markiert einen Übergang in der Betrachtung von Naturkatastrophen: Das Erdbeben wurde naturwissenschaftlich betrachtet und nicht als Strafe Gottes für menschliches Fehlverhalten, wie es vorher überwiegend der Fall gewesen war. Heute sehen wir uns wiederum wissenschaftlich beglaubigt als die Urheber/Auslöser für Klima-Katastrophen. In dieser Übernahme von Verantwortung liegt auch der Versuch das Unberechenbare zu bändigen und verfügbar zu machen. Wie können Menschen und Gott mit den Grenz-Erfahrungen von Katastrophen umgehen, ohne daran zu zerbrechen? Auch das ist Thema im Ahr-Psalm. Welche Rolle spielt Gott bei den Katastrophen. Ist er ihr Urheber? Und hätte Gott dann auch die Macht, das Wasser aufhalten zu können? Kann Gott den Klimawandel aufhalten? Glauben wir das?

 Bitten Sie die TN, sich folgende Frage zu stellen (und nach Wunsch mit den anderen zu teilen): Wo ist mein Platz in diesem Bild? Steht mir das Wasser bis zum Hals oder bin ich in der Arche?

Die Arche

Arche ist bis heute ein Begriff für Zufluchtsorte. Im Text wird sie in ihren Maßen und Formen dem Tempel gleichgesetzt. Im Tempel fanden Menschen Rettung und Schutz – auch politisches Asyl. Der Tempel war der Ort für das Opfer, dass Gott mit den Menschen versöhnte. „Die Arche" in Hamburg ist ein Zufluchtsort für Kinder, die in herausfordernden sozialen Bedingungen leben. Im Buch *Das Kind von Noah* von Eric-Emmanuel Schmitt wird ein Kinderheim zur Arche, in dem ein katholischer Priester in Belgien während des Zweiten Weltkriegs jüdische Kinder versteckt und zugleich jüdische Kultgegenstände und kulturelle Erinnerungsstücke sammelt, um in der „braunen Sintflut" ihr Überleben zu ermöglichen.

 Haben auch die TN eine persönliche „Arche"? Wo finden sie Geborgenheit, wenn das Leben ihnen hart zusetzt? Brauchen wir aktuell solche „Archen"? Wer braucht unseren Schutz? Finden sie ihn bei uns? Könnten unsere Kirchen zu solchen „Archen" werden?

Der Text richtet sich an die Überlebenden der Sintflut. Wir alle sind Nachkommen dieser Überlebenden. Diese Katastrophe liegt hinter uns. Jetzt ist Gott nicht mehr der Urheber der Katastrophe, sondern der Urheber der Bewahrung.
Allerdings steuern wir womöglich auf eine neue Apokalypse zu, die wir diesmal selbst zu verantworten haben. Ist das tröstlich zu wissen, dass die Menschheit schon Apokalypsen überstanden hat? Wird es diesmal gelingen? Bruno Latour ist in seinem Buch *Kampf um Gaia* davon überzeugt, dass wir endlich erkennen werden müssen, schon inmitten einer Apokalypse zu stehen, und uns diese realistisch in ihrer Dramatik ausmalen müssen, damit es uns gelingt, ihr Eintreffen zu verhindern. Stimmen die TN dem zu? Was schlagen sie vor, wie wir uns gegenüber den dramatischen Veränderungen verhalten? Wie leben sie damit?
Der Text schließt mit einer großen Verheißung, der sich auch die nächste Einheit widmen wird; einer Verheißung, die uns auch zur Hoffnung ermutigt, wenn wir wahrnehmen, dass sich bei uns die heilsamen Rhythmen des Lebens sehr wohl verschlechtern und damit an

vielen Stellen unserer Erde das Leben schwierig bis unmöglich wird. Die Hoffnung auf die Zusage Gottes lässt sich angesichts der dramatischen Veränderungen nur in Form eines Bittgebets aussagen:

Wir bitten dich, Gott, steh zu deiner Verheißung.

Erhalte die lebenspendenden Rhythmen auf der Erde.

Segne unsere Bemühungen, deine Schöpfung zu bewahren.

Steh uns bei!

Liedvorschläge

- Einsam bist du klein
- Aus tiefer Not schrei ich zu dir
- Wir haben Gottes Spuren festgestellt
- Meinem Gott gehört die Welt
- Seid fröhlich in der Hoffnung

Katharina Falkenhagen

Vorbereitung

Inhaltlicher Schwerpunkt

Angesichts der Nachrichten von Flut – und anderen Katastrophen, die uns immer wieder erreichen, bekommt die Geschichte von der Sintflut eine besondere aktuelle Brisanz. Dabei müssen wir gestehen, dass viele der Katastrophen von uns Menschen verursacht und nicht als Willkürakt Gottes zu begreifen sind. Die biblische Flutgeschichte nimmt diese Spannung in den Blick (Gen 6,5) und formuliert die Hoffnung, dass Gott in seiner Barmherzigkeit und Gnade seine Schöpfung erhalten wird. Spannend ist dabei, dass Gott dargestellt wird als einer, der sich verändert.

Verbindung zu anderen Einheiten

Der Text baut auf die vorherigen Geschichten auf. Sie beschreiben die Schöpfung als gutes Werk Gottes und den Menschen als Teil derselben. Allerdings ist das Handeln des Menschen immer wieder von Bosheit, Gewalt und Missachtung Gottes geprägt. Die vorherigen Texte illustrieren das in vielfältiger Art und Weise. Obwohl die Bewertung der Schöpfung als „sehr gut" hier nahezu widerrufen wird, bleibt der Entschluss Gottes, auch zu einer unvollkommenen, ja sogar umgekehrten Schöpfung zu stehen. Was bleibt ist also nicht einfach ein „guter Kern" in der Schöpfung, sondern der Entschluss Gottes, sein Werk zu erhalten. Will man die Linie ins NT ziehen, könnte man sie in der „Gerechtmachung" der zu Recht angeklagten Menschen wiedererkennen, in der „Rechtfertigungslehre".

Raumgestaltung

Die Teilnehmer*innen sitzen möglichst im Kreis. Gestaltete Mitte: Blaue Tücher, darauf eine Arche mit Tieren (könnte man z. B. in einer Kita ausleihen), verschiedene Bilder von aktuellen Flutkatastrophen. Diese werden um die Arche herum auf das Tuch gelegt.

Raumgestaltung

- Teilnehmer*innenhefte
- Musik: Bruce Low „Noach"
- Fotos von aktuellen Flutkatastrophen/Spielzeugarche/blauer Stoff
- Teelichter
- weiße Papierbögen A4 oder A5 für jede*n Teilnehmer*in
- Klemmbretter
- Wachsmalstifte
- Ritzwerkzeug (Schlüssel/Schere o. ä.)

Zur Gestaltung des Abends

Liturgische Eröffnung

Wir sind an diesem Abend zusammen im Namen Gottes, Schöpfer allen Lebens, im Namen Jesu Christi, Hoffnung für unsere Welt, im Namen des Heiligen Geistes, Hauch und Atem Gottes in unserer Welt.

Gebet

Gott, Schöpfer des Lebens, wir danken Dir für die Wunder deiner Schöpfung. Wir bekennen Dir, Gott, unsere Schuld. Wir werden unserem Auftrag, diese Erde zu bewahren nicht gerecht. Lass uns nicht resignieren. Gott sende deinen Heiligen Geist. Amen.

Lied

Gott liebt diese Welt. EG 409

Auf den Text zugehen: Öffnen (ca. 20 Min.)

L: Am heutigen Abend werden wir uns mit einer Zusammenstellung von Texten aus dem Genesisbuch beschäftigen, die von der großen Sintflut, Noachs Rettung und einem Versprechen Gottes erzählen.

1. Ich spiele Ihnen jetzt einen Hit aus den 1970er-Jahren. Vielleicht kommt Ihnen der Song bekannt vor. Noach von Bruce Low aus dem Jahr 1971.
2. Kurze Stille und Gespräch: Wie geht es Ihnen mit diesem Stimmungslied?
3. Die Teilnehmer*innen äußern Ihre Eindrücke und Gefühle. Erinnerungen, Irritation angesichts realer Flutkatastrophen, die Lage nehmen wir heute anders wahr als das noch vor fünfzig Jahren der Fall war.
4. Der Bibeltext wird laut vorgelesen – entweder reihum oder durch eine Einzelperson

Dem Text begegnen (ca. 30 Min.)

1. Die Teilnehmer*innen lesen nun den Text noch einmal still für sich.
2. EINZELARBEIT: Markieren Sie die Stellen, an denen Aussagen über Gottes Eigenschaften gemacht werden. Welche Eigenschaften hat Noach? Was wird über ihn ausgesagt?
3. PLENUM: Die Ergebnisse werden an einer Flipchart-Wand zusammengefasst (Skizze im **Downloadmaterial**). Am Anfang steht die Resignation über die Natur des Menschen im Mittelpunkt das Umdenken Gottes und am Ende das Versprechen und die Hoffnung, dass Gott seine Schöpfung nicht aufgibt. Noach vertraut Gott. Er ordnet sich Gottes Plänen unter und ist dankbar für die Rettung. Wir nehmen in Bezug auf Noach einen Dreierschritt wahr: Hören – Handeln – Danken.
4. PLENUM/GESPRÄCH: Die Flutgeschichte vermittelt ein realistisches Bild vom Menschen. Der Mensch bedarf der Gnade, hat aber zugleich auch Handlungsspielräume. Gesprächsimpulse:
   - Welche Wertung gibt der Text der Schöpfung? Passt das Attribut „Sehr gut" aus Gen 1 noch?
   - Worin liegt der Kern des Problems?
   - Beschreiben Sie Gottes Blick auf die Welt von Gen 1 – Gen 8. Können Sie dies als Kurve darstellen?
   - Sollten wir uns einen „gerechten Gott" wünschen? Lesen Sie dazu Röm 3,10-12: Es gibt

keinen, der gerecht ist, / auch nicht einen; 11 es gibt keinen Verständigen, / keinen, der Gott sucht. 12 Alle sind abtrünnig geworden, / alle miteinander taugen nichts. Es gibt keinen, der Gutes tut, / auch nicht einen Einzigen.

- Wie löst die Sintflut-Geschichte das Problem? Was für ein Bild vom Menschen bleibt hier stehen? Wie wird Gott beschrieben?
- Wie löst Paulus das Problem? Lesen Röm 3,24: Umsonst werden sie gerecht, dank seiner Gnade, durch die Erlösung in Christus Jesus. Passt sein Versprechen zur Sintflutgeschichte?
- Wo sehen Sie heute Gott am Werk? Und wie äußert sich das?
- Welche Handlungsspielräume haben wir als Menschen? Was können wir tun?
- Welche Hoffnung haben wir angesichts von Katastrophen und menschengemachten, bedrohlichen Konflikten? Was oder wer macht uns Hoffnung? Die Teilnehmer*innen können Teelichte anzünden und jeweils auf die Bildkarten in der gestalteten Mitte stellen.

Mit de Text weitergehen (ca. 20 Min.)

L: Ich möchte Sie nun einladen, den Text, über den wir heute nachgedacht haben, in einem ganz eigenen Bild mit nach Hause zu nehmen. (Klemmbretter, weiße Bögen Papier, Wachsmalstifte, Ritzwerkzeug werden ausgeteilt bzw. in die Mitte gelegt)

Meditation mit Wachs-Farbstiften

Da war am Anfang dieses große Nichts. Gottes Geist wehte über und in allem, was dieses Nichts ausmachte. (ein weißes Blatt Papier)	s. Foto 1 (Downloadmaterial)
Du, Gott, hast daraus diese wunderbare Welt geschaffen – all diese bunten Farben im Licht der Sonne, Wälder, Seen, Meere, Tiere und Pflanzen. (bunte Farben)	s. Foto 2 (Downloadmaterial)
Doch die Menschen missachten deine Schöpfung, Gott. Wir vernichten und zerstören, was du geschaffen hast. Oft haben wir keine Hoffnung mehr. Dann ist alles dunkel genau wie bei Noach. Alles versinkt in den Fluten oder wird zur Wüste. (schwarze Farbe deckt alles ab)	s. Foto 3 (Downloadmaterial)
Doch du, Gott, bist gnädig. Du lässt deine Schöpfung nicht los. Dein Versprechen gilt. Wir vertrauen auf deine Gnade. 8, 22: Solange die Erde währt, soll nicht aufhören Saat und Ernte, Frost und Hitze, Sommer und Winter, Tag und Nacht. (bunte Farben werden frei gelegt)	s. Foto 4 (Downloadmaterial)

Liturgischer Abschluss

Lied
Vertraut den neuen Wegen (EG 395)

Vaterunser

Segen

5.4 Bildbetrachtung

Johannes Beer

Friederike Kirchner: Genesis 6,5-8; 7,1-10; 8,20-22 – Rücknahme der Schöpfung, Öl auf Leinwand, 2022, 40,5 x 32,5 cm

Fliehende Menschen sind links im Vordergrund dieses Bildes zu sehen. Drei sind es, die mit ausholenden Schritten weglaufen. Eng beieinander sind sie, als ob sie sich gegenseitig Schutz geben wollten, als ob sie einander beistehen müssten. Mindestens zwei von ihnen, aber wahrscheinlich alle drei, haben etwas in den Arm genommen und bergen es schützend. Ob es Tiere, vielleicht liebste Haustiere, oder doch in Decken gehüllte Kinder oder doch nur für sie wichtige Gegenstände sind, bleibt bei der Darstellung unklar. Aber sie fliehen mit dem, was sie geborgen halten und zwei von Ihnen schauen sich ängstlich zu einem anderen Menschen um.

Dieser ist am rechten unteren Bildrand zu erkennen. Er schaut nach oben zum Himmel und hat seinen linken Arm und die linke Hand zu einer einladenden Geste geöffnet. Offenbar ist das, was er als Einladung versteht, für die anderen eine Drohung.

Zwischen diesen unterschiedlichen Menschen durch schauen wir auf einen großen Holzkasten mit einer riesigen Öffnung, durch die gerade zwei Elefanten hineingehen. Wir sehen sie von hinten und erkennen die zum Trompeten erhobenen Rüssel. Ihnen folgen zwei Ziegen, denen wiederum zwei kleinere Tiere – es könnten Katzen sein – folgen. Unter dem Arm des rechten Mannes weg drängen noch zwei Schafe, fast noch Lämmchen, in die Richtung des großen Holzkastens. Von Innen lugt ein Schwein den Ankommenden entgegen. Und zwei kleine Tierchen mit spitzen Ohren schauen von der linken Seite der Öffnung auf den Zug. Auf der anderen Seite der Öffnung kommen zwei dunkle Vögel angeflogen und zwei kleinere helle mit rotem Schnabel sitzen bereits auf dem Sims des Kastens.

Über diesem ziehen von links dunkle Wolken auf. Die Landschaft verschwimmt im Hintergrund immer mehr hinter den Wolken und hinter den aufziehenden Regenschleiern.

Es braucht etwas Zeit, bis wir oben links in den Wolken das Gesicht entdecken. Es ist diesmal nicht hell, sondern nur mit ganz zurückhaltendem, hellblauem Strich auf die aufziehenden Wolken gesetzt. Das Gesicht, das im Profil zu sehen ist, blickt auf den Kasten, die Tiere und den Mann unten rechts, der den Blick erwidert. Noah hat im Auftrag Gottes die Arche gebaut. Die Tiere kommen jeweils zu zweit und gehen hinein. Noah steht mit Gott im engen Gespräch, befolgt seinen Willen und orientiert sich ganz an ihm.

Aber die Menschen vertrauen nicht auf Gott und misstrauen Noah und dem, was er tut. Sie versuchen auf ihre Weise zu retten, was zu retten ist, und laufen doch ins Verderben.

6 | Bund und Leben

6.1 Exegese

Michaela Bauks

Denken wir an den Bund im Alten Testament, kommen uns vermutlich entweder die Erzelternerzählungen in den Sinn, wegen des Bundesschlusses mit Abraham und seinen Nachkommen (Gen 12; 15; 17), oder der Bund mit dem Gottesvolk am Sinai (Ex 24; 34) oder auch der neue Bund bei Jeremia (Jer 31,27-34). Doch bereits bevor die urgeschichtlichen Texte zur „Frühgeschichte der Menschheit" bzw. „Vorgeschichte Israels" in den Erzeltern- und Israelzyklus überleiten, ist im Anschluss an die Flut erzählt, wie Gott mit Noah als Vertreter der künftigen Menschheit einen Bund schließt. Der Aufriss der Urgeschichte ist bestimmt von dem Dreischritt Schöpfung – Rücknahme der Schöpfung (Flut) – Bestätigung der Schöpfung, die mit einer erneuerten Schöpfungsordnung (Gen 9) einhergeht. Hier sind neben dem Regenbogen als einem kosmisch-militärischen Zeichen auch die sogenannten „noachidischen Gebote" als Tora für die Menschheit Thema.

Der Text und seine Struktur

Diese erste Bundeserzählung der Hebräischen Bibel (s. Gen 15; 17; Ex 24; 34; Dtn 9,1-10,5) schließt direkt an das Ende der Flut an und führt nach einer ersten grundsätzlichen Bestandszusage der Erde (Gen 8,20-22) die Neuordnung der nachsintflutlichen Welt weiter aus. Es steht nun fest, dass die Schöpfungsordnung immer wieder durch die Gewalt der Geschöpfe in Frage gestellt werden wird, doch soll ihr Bestand durch einen Bund Gottes mit den Geschöpfen nachhaltig gesichert werden.

Der Abschnitt lässt sich gut zweiteilen wegen der beiden Gottesreden (Gen 9,1-7; 8-17), die an Noah und seine Söhne adressiert sind (9,1.8), aber der nachsintflutlichen Menschheit überhaupt gelten.

1. Gottesrede
V. 1   Segen und Fortpflanzungsauftrag (Mehrungssegen; vgl. Gen 1,24.28)
V. 2   Furcht und Schrecken über die Tiere (vgl. Gen 1,28)
V. 3   Re-aktualisierte Nahrungszuweisung (vgl. Gen 1,29)
V. 4-6   Blutgenussverbot
V. 7   Mehrungssegen

2. Gottesrede
V. 8-11   Bundesschluss mit Menschen und Tieren – die Verheißung des Bundes
V. 12-16 Gottes Bogen in den Wolken als Erinnerungszeichen Gottes – ewiger Bundesschluss
V. 17   Das Zeichen des Bundes mit den Geschöpfen

Die erste Gottesrede (Gen 9,1-7)

Die erste Gottesrede knüpft offensichtlich an die erste Schöpfungserzählung an, indem sie einerseits den Fortpflanzungsauftrag an die Geschöpfe und die göttliche Segensgabe aus Gen 1 fast wörtlich aufnimmt. Allerdings haben sich die Lebensbedingungen der Geschöpfe merklich verändert. In diese Lage hinein werden Regelungen formuliert, die Gewalt künftig verhindern oder wenigstens eindämmen sollen.

Die Tiere sind wegen der sie beherrschenden Menschen von Furcht und Schrecken gezeichnet, was die re-aktualisierte Nahrungszuweisung nochmals näher erläutert. Den Menschen ist von nun an alles zur Speise gegeben. Das vegan anmutende Ideal aus Gen 1,28 erweist sich angesichts der Gewalt, die die Schöpfung beherrscht, als hinfällig. Gott passt die Ordnung an die realen Verhältnisse unter den Geschöpfen an und überlässt den Menschen nun auch die Tiere als Nahrung, welche schon in Gen 8,20f als Opfertiere Verwendung fanden. Es ist strittig, ob Schlachtungen in der Frühzeit stets am Heiligtum und nicht etwa im häuslichen Bereich durchgeführt wurden, was bedeuten würde, dass der Fleischgenuss der Menschen stets auf Kultmähler im Angesicht Gottes limitiert war und somit die Schlachtung strengen Bedingungen unterlag. In Gen 9 ist der Konsum von Tieren grundsätzlich freigegeben.

Allerdings kennt der Fleischgenuss eine Grenze: den Blutverzehr. Die Neue Zürcher Bibel übersetzt V. 4: „Nur das Fleisch, in dem noch Blut und Leben ist, dürft ihr nicht essen." Das ist nicht pointiert genug übersetzt, geht es doch eigentlich darum: „4 Nur Fleisch mit seinem Leben, seinem Blut, dürft ihr nicht essen." Das bedeutet, dass Blut und Leben identisch sind. Nicht im Atem oder – wie heute definiert – in den Gehirnströmen, nein, im Blut eines Lebewesens befindet sich nach altorientalischer Ansicht das Leben eines Geschöpfs. So sind die Pflanzen im altorientalischen Weltbild auch nicht unter die Lebewesen gezählt.

Daraus erklärt sich das anschließende Gebot in V. 5, dass sowohl das Blut eines Tieres (vgl. Ex 21,28ff) als auch das Blut eines Menschen eingefordert werden sollen, wenn diese das Blut eines Menschen vergossen haben. Auch ein Tier, das einen Menschen tötet, ist zum Tode geweiht. Die Frage, warum dies nicht auch für das Blutvergießen der Tiere durch den Menschen gilt, wird klar beantwortet: Nur der Mensch ist Bild Gottes (Gen 1,26f). In dieser besonderen Funktion kommt ihm ein besonderer Schutz zu, der für die Tiere in dieser Form nicht (mehr) gilt. **Es gibt zwar in den Rechtstexten zahlreiche Bestimmungen, die das Wohlergehen der Tiere regeln** (Ex 23,11f; Dtn 5,14; 14,21b; 22,6f; 25,4; Lev 22,24) **und zudem die Ausbeutung von Tieren durch Menschen eindämmen** (Lev 22,27f; Dtn 22,10; Spr 12,10), **aber an den besonderen Status der Menschen reichen die Tiere nicht heran.** Dennoch sind diese Regelungen geradezu vorbildlich gegenüber unserem heutigen Umgang. Denken wir vor allem an Nutztiere, die beinahe auf einen Sachstatus reduziert sind, wenn wir die Art der Tieraufzucht bzw. -tötung oder auch die Tierhaltung in den modernen Industriegesellschaften betrachten. Beide genannten Gebote (Tötungs- und Blutgenussverbot) zählen unter die Noachidischen Gebote, die aufgrund ihrer Nennung im Kontext der Urgeschichte eine Geltung für die gesamte Menschheit beanspruchen.

> **Babylonischer Talmud, Traktat Sanhedrin § 56a/b: „Die Rabbanan lehrten: Sieben Gesetze wurden den *Noaḥiden* auferlegt: Rechtspflege, [das Verbot der] Gotteslästerung, des Götzendienstes, der Unzucht, des Blutvergießens, des Raubes und [des Genusses] eines Gliedes von einem lebendigen Tiere"** (§ 59a/b; Übersetzung L. Goldschmidt). Allerdings wird heiß diskutiert, wer die jeweiligen Adressaten – Juden oder Nicht-Juden – sind, die diese urgeschichtlichen Bestimmungen einzuhalten haben. Ein wichtiges Auswahlkriterium ist, ob ein Gebot den Noachiden gegeben und am Sinai wiederholt worden ist; denn dann würde es – je nach rabbinischer Meinung – nur den Israeliten und somit den Juden gelten (vgl. § 59a/b; vgl. dazu M. Morgenstern).

Die Strafandrohung der Tötung für den Fall der Übertretung klingen in unseren Ohren drastisch (Lev 7,26f; 17,20-14; Dtn 12,16.23). Denn Blutschuld löst im Sinne einer Wiedergutmachung der negativen Tatsphäre, die durch die Tötung entstanden ist, die Blutrache aus. Dabei handelt es sich um eine Praxis, die ursprünglich auf die Eindämmung der Gewalttätigkeit in Gesellschaften ohne staatliche Institution zum Schutz von Leben und Ehre des Einzelnen zielte (so R. Brandscheidt). Jedoch ist auffällig, dass in zahlreichen Rechtsformulierungen die Durchführung der Blutrache im sog. *passivum divinum* („er muss getötet werden" bzw. „hat den Tod verdient" (EU) in Ex 19,12; 21,12-17 u.ö.) zum Ausdruck gebracht ist. Das heißt aber, dass die durchführende Strafinstanz gar nicht präzisiert ist, und die Aussagen damit nicht etwa eine Handlung vorschreibende, sondern vielmehr eine mahnende bzw. warnende Funktion haben. Dieser Befund wirft auch hinsichtlich Gen 9,6 die Frage auf, ob diese Stelle zurecht als ein „Gebot der Todesstrafe" bezeichnet werden kann. Die Übersetzung der Zürcher Bibel: „dessen Blut soll um den Wert des Menschen willen vergossen werden" (EU: *„um dieses Menschen willen wird auch sein Blut vergossen"*) unterstreicht vor allem den „Wert" des menschlichen Lebens z. B. als Arbeitskraft oder zum Unterhalt einer Familie oder Sippe – ein Tod bedeutet somit einen Ausfall, der zu kompensieren wäre, ohne dass man ihn rückgängig machen kann. Eine philologisch ebenfalls mögliche Übersetzung lautet: „Einer, der das Blut des Menschen vergießt, *um des Menschen willen* ... wird sein Blut vergossen werden, / denn als Bild Gottes hat er den Menschen gemacht" (J. Schnocks, vgl. EU). Diese Übersetzung führt in eine andere Richtung. Es geht weder um den Wert, noch um eine Aufforderung zur Durchführung der Todesstrafe in Stellvertretung Gottes für verwirktes Leben, sondern um eine Forderung der Minimisierung von Gewalt: Wer Menschenblut vergießt, muss damit rechnen, dass er – um des getöteten Mitmenschen willen – sein Blut vergießen muss. Es geht um den Respekt vor dem Leben.

Dazu passt übrigens, dass schon in Gen 4 die – auf Tötung anstehende – Todesstrafe nicht vollzogen wird, sondern Kain durch ein göttliches Zeichen vor der Blutrache geschützt wird. Diese Diskussion zeigt, dass die Re-Aktualisierung der Lebensordnung in Gen 9,1-6 einen breiten Auslegungsspielraum zulässt, der je nach historischem Umfeld, in dem sich die konkrete Auslegung vollzog, sehr unterschiedliche Umsetzung erfahren hat.

Die zweite Gottesrede (Gen 9,8-17)

Die zweite Texthälfte wirkt etwas behäbig mit ihren zahlreichen Wiederholungen. Ein Problem scheint darin zu bestehen, dass zwar breit von dem Entschluss zu einem Bund und der Setzung eines Zeichens die Rede ist, aber nicht vom Bundesschluss selbst. Das lässt sich aber dahingehend auflösen, dass der Text den Bundesschluss in performativer Weise umsetzt, indem er nämlich sehr konkret erzählt (V. 12: „Das [Folgendes] ist das Zeichen des Bundes, den ich stifte zwischen mir und euch") wie Gott seinen Bogen in die Wolken setzt und damit den Bund errichtet (V. 12-16). Es handelt sich im Hebräischen mit dem Begriff *qäšät* entweder um einen Regenbogen (vgl. Ez 1,28) oder um die Kriegswaffe (Gen 27,3), die von Gott in die Wolken gehängt worden sind. Das uns so pittoresk anmutende Bild beinhaltet also durchaus kriegerische Züge. Entweder zeigt Gott mit der Auslieferung seines Bogens, dass er in Zukunft nicht nochmals eine so umfassende Zerstörung herbeiführen wird und deshalb seine Waffe sichtbar in den Himmel hängt. Oder aber er wappnet sich künftig gegen jegliche Gefahr von außen, um seine Schöpfung zu verteidigen. Ich halte die erste Lesart für passender: Gott bereut nicht nur die Flut, sondern verzichtet künftig auf ein Eingreifen in das Weltgeschehen, das die Geschöpfe insgesamt auslöscht. Der Bogen in den Wolken wird für Gott zu einem Erinnerungszeichen. Für die Menschen aber ist er ein Hinweis auf die anhaltende Treue Gottes. Dass das meteorologische Phänomen mitgedacht ist, liegt auf der Hand.

Theologische Themen

Im Vergleich mit dem Ende der Flutgeschichte in Gen 8,20-22, welches sehr bündig auf die Bestandszusage der Welt an Noah zuläuft (8,21f), entfaltet die der Priesterschrift zugerechnete Erzählung in Gen 9 das Thema, wie die Schöpfung fortgeführt werden kann, sehr ausführlich.

Im ersten Abschnitt geht es einerseits darum, den Status der Geschöpfe innerhalb der neu auszutarierenden Schöpfungsordnung zu bestimmen. Andererseits sind präzise Maßnahmen genannt, die den Umgang der Geschöpfe untereinander regeln. Wie es dem urgeschichtlichen Rahmen als „Menschheitsgeschichte" entspricht, gelten die hier getroffenen Maßnahmen für die gesamte Menschheit. Mord als konkrete Tilgung eines Lebens und Blutgenuss als symbolisches Einverleiben des Lebens eines anderen Geschöpfs werden zu einem absoluten Tabu.

Theologisch tragend ist im zweiten Abschnitt der Erzählung die Rede vom Bund. Das deutsche Wort Bund lässt uns vor allem an politische oder andere Bündnisse denken, die ein Untergebener mit einem Machthaber schließen muss oder auf die sich zwei gleichgestellte Partner einigen. In diesen Fällen werden meist konkrete Bedingungen festgelegt, bei deren Einhaltung der Bund seine Gültigkeit bewahrt (vgl. den Sinaibund in Ex 24 mit Gen 20-23 als „Vertragswerk"). Das hebräische Wort *berît* ist jedoch vielschichtiger und umfasst ein Bedeutungsspektrum, das von „Vereinbarung" über „Verpflichtung" bis hin zu „Zusage" reicht. Der Bund in Gen 9 wie der ebenfalls zur Priesterschrift gehörige Bund mit Abraham und dem Zeichen der Beschneidung als Zeichen der Zugehörigkeit zum Gottesvolk (Gen 17) fallen aus dem uns sonst geläufigen Bundesschema heraus. Denn in der Erzählung von Gen 9 macht Gott nicht nur den ersten Schritt, sondern verzichtet auch auf eine Gegenleistung der Geschöpfe. Nicht der Mensch antwortet auf das Angebot, sondern Gott setzt seinen Bogen als Zeichen des versprochenen Bundes in die Wolken. Gott ist an dieser Stelle als ein Gott der Gnade und des Entgegenkommens gezeichnet. Und durch das von ihm gesetzte Zeichen wird der Bund ratifiziert und unwiderruflich gültig („ewiger Bund" in V. 16).

Erinnern wir uns daran, dass die priesterschriftlichen Texte auf die kriegerische Zerstörung Jerusalems 587/6 v.Chr. zurückblicken und die zurückliegende Gewalt- und Verlusterfahrung theologisch reflektieren. Auf diesem Hintergrund verspricht der in die Wolken gehängte Kriegsbogen den Anbruch einer neuen Zeit und Ordnung, die sich an das historische Gottesgericht über sein untreues Volk anschließt – auf diese Erfahrungen könnte die Fluterzählung in die Urzeit transponiert anspielen. Und seit dieser Zeit gilt, dass der Schöpfergott ein gnädiger Gott ist, der an seinen Geschöpfen fortan festhalten will und sie bewahrt. Daraus ergibt sich Trost und Hoffnung für das von Katastrophen geschüttelte Volk. Denn selbst wenn die Welt unterzugehen scheint, bleibt die Güte Gottes bestehen, die aus den Ruinen des Vergangenen neues Leben entstehen lässt. Die heile Welt kommt in diesen Texten entweder als rückblickende Utopie (Gen 1) oder als zukünftiger Bauentwurf eines Heiligtums (auch „Stiftshütte" bzw. „Zelt der Begegnung" in Ex 25-40) vor. Im Zentrum steht jedoch das Vertrauen in den Schöpfergott, der alles gemacht hat und an seinem Geschöpf festhält.

Kerstin Offermann

Gottebenbildlich

In Genesis 9 beginnt das Experiment der Schöpfung noch einmal von vorne. Der neue Anfang, den Gott mit der Schöpfung macht, nimmt Elemente des ersten Anfangs auf. Er wirkt aber wesentlich weniger mythisch – im Vergleich zu Genesis 2 – und damit viel näher an unserer Realität. Was also ist von dem utopischen ersten Anfang geblieben?

Erstaunlicherweise scheint die **Gottesebenbildlichkeit** des Menschen durch die bisherige Geschichte *nicht* verloren gegangen zu sein. Ist sie also unverlierbar, oder anders formuliert: Wären die Menschen keine Menschen mehr, wenn sie nicht mehr Gottes Ebenbild sind?

Zur biblischen Vorstellung von der Gottesebenbildlichkeit bietet das Bibelwerk eine übersichtliche und erhellende Zusammenstellung, die unter **https://kurzelinks.de/4lh3** oder auch als PDF-Datei im Downloadbereich zu finden ist.

Tragen Sie mit den TN die verschiedenen Aspekte der **Ebenbildlichkeit** aus den bisherigen Texten zusammen:
1. Schöpfung hüten und bewahren
2. Gut und Böse unterscheiden
3. Meines Bruders Hüter sein
4. Das Leben des Menschen ist unverletzbar / darf nicht ausgelöscht werden

Im Projekt 929 stellt der ehemalige Oberrabbiner des Commonwealth, Jonathan Sacks, in seinem Essay *The Moral Limits of Power* folgende These auf: *Genesis 1 tells me that I am in the image of God. Genesis 9 tells me that the other person is in the image of God* – „Genesis 1 sagt mir, dass ich zum Bilde Gottes geschaffen bin. Genesis 9 sagt mir, dass andere zum Bilde Gottes geschaffen sind." Diskutieren Sie mit den TN diese These. Stimmen sie ihm zu? Was verändert sich durch diesen Perspektivwechsel?

Gesetz und Ordnung

Der Mensch bekommt auf jeden Fall eine neue Aufgabe: Er wird zur **gesetzgebenden** und **gesetzdurchsetzenden** Kraft. Es ist nicht mehr Gott, der Gebote und Verbote aufstellt und deren Übertretung ahndet. Diese Aufgabe fällt nun, unter den Bedingungen der gefallenen Schöpfung, dem Menschen zu. Die Nähe zu Gott ist nicht mehr so unmittelbar und persönlich erfahrbar. Das Verhältnis wird eher distanzierter. Die Nähe zu Gott wird in der Beziehung zu den anderen Menschen erfahrbar. Dieses **Konzept von Gottesbeziehung** ist uns näher und vertrauter.

Empfinden die TN die Veränderung in dem Verhältnis zu Gott als Verlust oder als Befreiung?

Die Rahmendaten dazu bestimmt zunächst noch Gott. Dazu gehört, dass menschliches Leben heilig ist und menschliches Blut nicht vergossen werden darf. Und dazu gehört, dass die Rechtsprechung und Bestrafung bei Übertretung jetzt in den Händen der Menschen liegt. Dazu aber bedarf es einer Gesetzgebung. Für das menschliche Zusammenleben reicht es offensichtlich nicht, einfach daran zu appellieren, dass sich alle gut verhalten. Die Regeln müssen klar definiert sein. Die Entwicklung einer menschlichen Gerichtsbarkeit korrespondiert hier mit kultureller Innovation und der Entwicklung menschlicher Zivilisation. Es gehört also auch zur Gottesebenbildlichkeit der Menschen, dass sie dazu aufgerufen sind, gerechte soziale Lebensformen zu entwickeln und – wenn nötig – zu verteidigen.

 Die Entwicklung menschlicher Zivilisation ist in ihren Formen zeitgebunden und verändert sich. Gibt es Grundpfeiler, die unbedingt dazugehören? Sie sind immer wieder durch politische Entwicklungen bedroht. So empfinden wir gerade die Aggression Russlands als Bedrohung unserer Freiheit. Wie nah kommt der Text hier der Realität, indem er die Notwendigkeit formuliert, durch Blutvergießen einen Schutz vor mehr Blutvergießen zu schaffen? Was ein durchaus grenzwertiges Konzept darstellt, das sich sehr weit von den Idealen von Genesis 1 und 2 entfernt hat.

Von „Gut" zu „Bund"

In dem bereits erwähnten Essay *The Moral Limits of Power* (**https://kurzelinks.de/ihki**) schreibt Jonathan Sacks mit Bezug auf Genesis 1: *This also explains why the keyword, repeated seven times, changes from "good" to "covenant." When we call something good, we are speaking about how it is in itself. But when we speak of covenant, we are talking about relationships* – „Dies erklärt, warum aus dem sieben Mal wiederholten Schlüsselwort ‚gut' das Wort ‚Bund' wird. Wenn wir etwas als ‚gut' beschreiben, sprechen wir über die intrinsische Qualität der Sache. Wenn wir jedoch über den Bund reden, reden wir über Beziehungen." In Genesis 1 gehe es also um die *Qualität* der Schöpfung und in Genesis 9 um die *Beziehungen* innerhalb der Schöpfung.

Regenbogen

Gott stiftet in bedingungsloser Treue eine unzerstörbare Beziehung zwischen sich und seinen Geschöpfen. Das Zeichen dafür ist der **Regenbogen**. „Den zerstörerischen Kräften der gewaltfixierten Menschen stellt sich Gott nicht kriegerisch entgegen" wie Georg Steins in der Anthologie *Genesis in 73 Ouvertüren* schreibt. Hatte Gott in Genesis 6-8 scheinbar von der Gewaltspirale der Menschen gelernt und selbst den Weg der Gewalt gegen seine Geschöpfe eingeschlagen, so signalisiert Gott hier, dass es einen anderen Weg geben muss und gibt, der zu lebensstiftenden Beziehungen führt.

 Der Regenbogen steht als Symbol für sehr unterschiedliche Themen und Zusammenhänge. Er transportiert unterschiedliche, meist positive Gefühle und Hoffnungen.
- Der Regenbogen ist ein Zeichen für die Treue Gottes.
- Er steht zusammen mit der Taube für den Frieden.
- Er ist das Symbol der queeren Bewegung und symbolisiert: Wir sind bunt und das ist gut so, wir gehören zusammen.

- In der Corona-Zeit wurde er zum Symbol des Zusammenhaltens: „Ein Regenbogen als Symbol für Solidarität und Optimismus. In Italien und Spanien sieht man derzeit an fast jedem Fenster einen bunten Regenbogen. Oft ist dabei auch eine Botschaft wie z. B. „Alles wird gut" oder „Wir bleiben Zuhause" zu lesen" (Zitat auf dem Blog der Sparkasse Foerde gefunden).

Was verbinden die TN mit dem Regenbogen? Halten Sie Moderationskarten in den Regenbogenfarben bereit und bitten Sie die TN, auf jede Karte eine Assoziation mit dem Regenbogen zu schreiben: eine Hoffnung, eine Bitte, ein Gefühl, das sie mit einem Regenbogen verbinden. Legen Sie die Karten dann als Regenbogen aus und betrachten Sie gemeinsam diesen Regenbogen der Hoffnung.

Verbunden mit allen Lebewesen

Neben dem Wort „Bund" findet sich auffällig häufig im Text die Formulierung „mit allen Lebewesen". Der Text betont die Schicksalsgemeinschaft zwischen Mensch und Schöpfung. Schon in Genesis 1 bekam der Mensch die Aufgabe, die Schöpfung zu bewahren. Auf der Arche war es ebenfalls die Aufgabe des Menschen, die Tiere zu hüten. Andererseits wurden die anderen Lebewesen durch die Schuld des Menschen mit in den Abgrund der Vernichtung gezogen. Und nach der Flut verbreitet der Mensch „Furcht und Zittern", was angesichts des Zustandes der Welt eine durchaus angemessene Beschreibung der Herausforderung des Zusammenlebens mit der Schöpfung ist. An vielen Stellen empfinden wir intuitiv, dass die Art und Weise, wie wir mit unserer Umwelt umgehen moralisch fragwürdig ist, wenn es z.B. um Massentierhaltung oder um das Artensterben geht.

Bruno Latour beschreibt, wie wir mit der Dynamik der Veränderungen in der Natur und unseres Verhältnisses zur Natur überfordert sind und dass die Natur selbst eine politische Stimme bekommen muss: „Die Erde, die wir nach unseren Vorstellungen gestaltet haben, schlägt zurück – und das mit Macht. [...] Die Welt ist nicht länger die Kulisse, vor der wir handeln, oder der Kriegsschauplatz, auf dem wir Gebiete erobern. Zum ersten Mal tritt die Kulisse selbst auf der Bühne in den Vordergrund [...] Das ist etwas nie Dagewesenes, die Erde entwickelt sich zum ersten Mal vor unseren Augen, und der Mensch und seine Politik kommen nicht mehr hinterher. (Bruno Latour, „Warum brachte dieser Denker die Natur auf die Bühne?" in: Florentijn van Rootselaar, *Leben in schwierigen Zeiten*)

Dem „Seufzen der Schöpfung" wird im neuen Testament, in Römer 8, 19-23, dieser bleibend engen Verknüpfung von Mensch und Schöpfung, eine eschatologische Hoffnungsperspektive entgegengestellt. Wie schon in Jes 11,5-9 wird eine Wiederherstellung des ursprünglichen Friedenszustandes geschaut, die Gottes Heilshandeln entspringt und Mensch und Natur umschließt.

 Legen Sie die drei biblischen Texte (Gen 9,2-7; Jes 11,5-9; Römer 8, 19-23) nebeneinander (Arbeitsblatt im Downloadbereich). Welcher Text, welche Aussagen in den Texten entsprechen der Erfahrungswelt der TN? In welchen finden sie eine Hoffnungsperspektive für uns? Welche bietet ihnen Handlungsoptionen?

Segen

Das Erinnern Gottes, von dem in Genesis 8,1 die Rede ist, ist ein Wendepunkt in der Komposition der Flut-Geschichte. Gott denkt an uns und segnet uns. Hier wird aus der Katastrophengeschichte eine Segensgeschichte, in der die gesamte Menschheit im Blick ist. Alle, die zukünftig leben werden, stammen ja in der Logik der Geschichte zwangsläufig von Noah ab.

 Setzen Sie neben die Segensgeschichte aus Genesis 9 die eigenen Segensgeschichten. Bitten Sie die TN, darüber nachzudenken, wo sie in ihrem Leben Gottes Segen erfahren haben. Erzählen Sie sich gegenseitig diese Segensgeschichte. Sprechen Sie zum Abschluss der Einheit einen Segen, z. B. indem Sie diesen Segenspsalm von Annette Jantzen aus Gotteswort, weiblich (S. 126) vorlesen:

Dass Gottes segnende Kraft euer Leben durchatme
Und bewahre was zählt: die selbstvergessenen
Momente, das Staunen über die Größe der Welt, die
Erfahrung, einander verbunden zu sein.
Dass Gottes segnende Gegenwart euer Leben
erhalte.
Und vergebe, versöhne und heile, was zerbrochen
ist: die Enttäuschungen, die Bitterkeiten und die
Erfahrung, ausgeliefert und machtlos zu sein.
Dass Gottes segnende Liebe euer Leben erneuere.
Und aufblühen lasse, was in euch liegt: die Energie,
die Stärke und die tiefe Freude, Teil des lebendigen
Kosmos zu sein.

Annette Jantzen: Gotteswort, weiblich © 2022 Verlag
Herder GmbH, Freiburg i. Br.

Liedvorschläge

* Freunde, dass der Mandelzweig
* Gib uns Frieden jeden Tag
* Herr, wir bitten, komm und segne uns
* Vertraut den neuen Wegen

6.3 Vorschlag für eine Bibelarbeit

Katharina Wiefel-Jenner

Vorbereitung

Inhaltlicher Schwerpunkt

Gott schließt nach der Flut mit den Menschen einen Bund. Dieser Bund ist ein Zeichen der Hoffnung und des Lebens. Selbst wenn es zu katastrophalen Zuständen kommt und es so aussieht, dass die Welt untergeht, bleibt Gott bei der Zusage, dass sich die Flut nicht wiederholen wird. Gott hält an der Schöpfung und dem Menschen als seinem Ebenbild fest. Deswegen können die Menschen vertrauen und hoffen. Das Zeichen dieser Hoffnung und Selbstverpflichtung Gottes ist der Regenbogen. Gott sieht den Menschen allerdings mit Realismus und Ernüchterung. Gott bezeichnet den Menschen als furchterregend für die Mitschöpfung. Wegen dieser realistischen Einschätzung des Menschen gibt Gott Regeln, die dem Leben dienen und Gewalt begrenzt. Der Regenbogen als Zeichen für den Bund ist insofern nicht nur eine Erinnerung für Gott an den Bund mit den Menschen, sondern auch eine Erinnerung für die Menschen an die Regeln, die dem Schutz der Schöpfung dienen.

Raumgestaltung
Regenbogenbilder liegen in der Mitte.

Materialien und Medien
→ Regenbogenbilder
→ Post-its
→ Stifte oder Textmarker in rot, gelb, grün und blau, stellvertretend für alle Farben des Regenbogens, jede/n TN soll damit arbeiten können.
→ Der Bibeltext Gen 1 (Text 1) und Gen 9 (Text 6) im TNH oder ausgedruckt.

Zur Gestaltung des Abends

Liturgische Eröffnung

Psalm
Psalm 8 in der Übertragung von Huub Oosterhuis (zu finden im Internet oder in dem Buch: Huub Oosterhuis, *Psalmen*. Aus dem Niederländischen übersetzt von Annette Rothenberg-Joergens und Hanns Keßler, Freiburg/Basel/Wien 2014, 26f.)

Lied
Solang es Menschen gibt auf Erden (EG 427, 1-2; GL 425,1-2)

Gebet
Gott, lebendiges Wort in unserem Leben,
täglich hören wir viele Worte,

aber dein Wort ist anders.
Dein Wort ist das Leben.
Täglich sprechen wir viele Worte,
aber dein Wort ist anders.
Dein Wort klingt und heilt,
dein Wort ist wahr und trifft.
Lass uns dich hören.
Amen.

Auf den Text zugehen: (ca. 15 Min.)

L: Der heutige Abschnitt erzählt davon, wie der Regenbogen von Gott als Zeichen in den Himmel gestellt wird. Wir wissen, wie ein Regenbogen entsteht. Einen Regenbogen kann man sehen, wenn die Sonne auf eine Regenwand scheint. Das Licht der Sonne geht durch die Regentropfen und diese teilen das Licht auf in die Spektralfarben. Selbst erzeugen können wir einen Regenbogen aber nicht. Vielleicht ist das der Grund, weswegen jeder Regenbogen Freude und Staunen auslöst. Ein Regenbogen bleibt in Erinnerung.

1. Die TN bilden Murmelgruppen und erzählen sich von Regenbogenerlebnissen. Wenn TN auf ihrem Handy Regenbogenfotos haben, sollen sie sich gegenseitig zeigen.
2. Am Ende schreiben die TN ein Wort auf ein Blatt oder Post-It über ihre Regenbogenerinnerung und legen es zu den Regenbogenbildern in der Mitte.
3. Die Farben des Regenbogens sind: Rot, orange, gelb, grün, hellblau, indigo, violett. Die TN nennen spontan, wofür die Farben stehen: z.B. rot – Blut, Gewalt; gelb – Sonne; grün – Wachstum, Treue; blau – Wasser; violett – Reue usw.
4. Die TN erhalten jeweils einen roten, gelben, grünen und blauen Stift, stellvertretend für die Farben des Regenbogens. Der Text wird vorgelesen und die TN markieren mit für ihre Wahrnehmung passenden Farben die Verse in ihrem Text. Anschließend wird der Text erneut versweise vorgelesen und die TN tauschen sich über ihre Farbwahl aus.

Dem Text begegnen: (ca. 40 Min.)

Vermutlich sind beim Lesen des Textes bereits Fragen aufgetaucht wie: „Warum dürfen die Menschen plötzlich Fleisch essen und vorher nicht?" L verweist darauf, dass solche Beobachtungen anhand eines Vergleiches mit dem sehr ähnlichen (und sehr anderen) Text Gen 1 gleich besprochen werden. Die TN werden eingeladen, jeweils zu zweit oder in Kleingruppen von 4-6 einige Beobachtungen im Vergleich anzustellen. Dabei können die Impulse im TNH hilfreich sein:

→ Vergleichen Sie den Auftrag an die Menschen in V 1-3 mit Auftrag in Gen 1,28-31. Welche gravierenden Unterschiede fallen auf? Welche in Gen 1 immer wiederkehrende Aussage fehlt hier?
→ Lesen Sie diesen Text (und auch die anderen Texte der „Urgeschichte" einmal „von hinten her": Am Ende steht jeweils eine Erfahrung der Wirklichkeit des Menschen. Aus dieser wird der Text nach vorne geschrieben. Bsp. die Menschen töten Tiere – sie fühlen sich von Gott dazu ermächtigt.
→ Wie hat sich das Verhältnis zwischen den Menschen und der übrigen Schöpfung verändert? Was verbindet die „Wesen aus Fleisch"?

→ Welche Bedeutung hat die Tatsache, dass die Menschen Bild Gottes sind in Gen 1? Welche in Gen 9? Welchen Rückschluss auf das „Verhalten" Gottes lässt das im jeweiligen Text zu? (hält Gott sich selbst an seine Regel?)

→ Betrachten Sie den „Bogen" einmal als Kriegsbogen. Wie verändert sich damit seine Bedeutung? Stellen Sie sich heute einen „Kriegsbogen Gottes am Himmel" vor: Welche Botschaft trägt er für die Menschen? Welche für die „Wesen aus Fleisch"? Welche für die ganze Schöpfung?

Im Plenum werden die Beobachtungen zusammengetragen und L gibt jeweils Erläuterungen und Hintergrundinformationen

Unterschiede Gen 1 – Gen 9
Auftrag an den Menschen: Gen 1 = „untertan machen" (nicht „unterwerfen" wie in der EÜ) „walten", Gen 9 = Furcht und Schrecken

Text von hinten lesen
Hier wäre es gut, den TN verständlich zu machen, dass die Texte nicht einfach „von vorne" gelesen werden sollten, so als habe Gott den Auftrag zu Furcht und Schrecken gegeben. Alle Texte der Urgeschichte erschließen sich nur, wenn man sie „von hinten", also vom Ergebnis her liest. Wie also Adam den Acker den Dornen abtrotzen muss (Erfahrung) und sich das damit erklärt, dass er aus dem Paradies vertrieben wurde, töten Menschen Tiere und erschrecken sie und fühlen sich von Gott dazu ermächtigt. Das bedeutet keineswegs, dass dieses Verhalten einem Plan Gottes entspricht. Gott sagt hier eben auch nicht mehr, dass es „gut" ist! Es ist (leider) so – die Schöpfung hat Brüche, lebt damit aber weiter. Wenn Zeit bleibt, kann man auch die anderen Texte der Urgeschichte exemplarisch von hinten verstehen:
→ Frau fühlt sich beherrscht vom Mann und gebiert unter Schmerzen „jenseits von Eden."
→ Kain fühlt sich heimatlos und vertrieben „unter Strafe und Schutz."

Verhältnis Mensch – Mitgeschöpfe
Der Mensch ist verbunden mit den Wesen aus Fleisch, trotzdem ihnen überlegen. Hier wäre zu fragen, was aus dem Gebot „zu walten" aus Gen 1 geworden ist.

Mensch als Ebenbild Gottes
→ Gen 1: sie sollen walten über die Schöpfung
→ Gen 9: man darf sie nicht töten
→ Gott selbst hält sich daran, indem er verspricht, die „Wesen aus Fleisch" nicht wieder zu vernichten. Er geht damit weiter als im Gebot für den Menschen und schützt auch die Tiere.

Bogen als Kriegsbogen
V 12-17. Regenbogen zum Erinnerungszeichen für Gott – Bogen auch als Kriegsbogen, den Gott in den Himmel hängt. Gott will keinen Krieg, Gott will Frieden mit der Schöpfung. In diesem Zusammenhang kann man erläutern, dass „Bund" in der Tradition Israels kein harmloser Vertrag ist. Das Bild vom „Bund schneiden" zeigt das: Indem der Priester beim Bundesfest zwischen zwei Tierhälften hindurchschreitet, sagt er, dass jeder, der den Bund bricht, ebenso zerschnitten wird.

Wenn der Bogen als Kriegsbogen verstanden wird, dann steht er da als Warnung, dass Gott sich gegen die richten wird, die seine Schöpfung zerstören, Menschen töten usw.

Blick auf die ersten Erzähler des Bundesschlusses, die mit vermutlich zu den ins Exil Verschleppten gehörten. Der Erinnerung an den Bund weckt Hoffnung. Selbst, wenn alles unterzugehen scheint, ist Gott da und bleibt treu. Die einseitige Verpflichtung Gottes / der Regenbogen ist ein Hoffnungszeichen. Gott hat nach der Flut neu mit den Menschen angefangen. Warum sollte Gott nicht wiederholt neu anfangen, obwohl von den Menschen Schrecken und Furcht ausgehen?

Mögliches Fazit des Austauschs
Der Regenbogen ist eine Erinnerung daran, dass Gott realistisch auf die Menschen und die Schöpfung schaut und am Leben für Mensch und Tier festhält.

Mit dem Text weitergehen: Gott geht mit (ca. 20 Min.)
Paulus schreibt im Römerbrief (Röm 8,19), dass die ganze Schöpfung darauf wartet, dass Kinder Gottes offenbar werden. Die Furcht und der Schrecken, den die Menschen in der Schöpfung auslösen, werden enden. Am Ende wird in der Offenbarung der Engel Gottes zur Bestandsaufnahme in der Schöpfung kommen und über seinem Haupt einen Regenbogen (Offb 10,1) tragen. Der Regenbogen ist Erinnerungszeichen für Gott, aber auch ein Zeichen für die Menschen. Gott hat den Bund mit der ganzen Schöpfung geschlossen und wie sich der Bogen über die Erde spannt, so erstreckt sich der Bund vom Neuanfang der Schöpfung nach der Flut bis zum Ende der Zeiten. Der Regenbogen erinnert so auch die Menschen, sich immer in ihrer Beziehung zu Gott und den Mitgeschöpfen zu verstehen und auf das Seufzen der Schöpfung (Röm 8,22) zu achten. Die TN werden eingeladen, Gen 9 einmal mit den Augen des Paulus zu lesen:
→ Welche Worte aus Gen 9 würden Paulus, dem Verfasser der Verse Röm 8,21-22, auffallen? Was würde er dazu sagen?

Kreativer Abschluss – Fürbitten mit den Farben des Regenbogens
Rot: Die TN tragen zusammen, wo die Schöpfung seufzt – Orte, Themen, Situationen, Geschöpfe (Tiere, Menschen, Pflanzen), die bedroht sind und um die die TN fürchten.

Die Leitung spricht: „Ewiger, deine Treue schütze unsere Mitgeschöpfe vor dem Schrecken. Höre das Seufzen. Spanne deinen Bogen aus und bewahre eine Schöpfung."

Gelb: Die TN tragen zusammen, wo sie Lichtzeichen sehen – Orte, Themen, Situationen, Geschöpfe, in denen Hoffnung gegenwärtig ist und die die TN hoffen lassen.

Die Leitung spricht: „Ewiger, wir danken dir für deine Treue. Halte an deiner Treue fest und gib Hoffnung in diesen Tagen. Spanne deinen Bogen aus und mache es hell in deiner Schöpfung."

Grün: Die TN tragen zusammen, wo sie Wachstum und Zukunft sehen – Orte, Themen, Situationen, Geschöpfe, für die TN sich wünschen, dass sie gedeihen und für die sie sich Fruchtbarkeit wünschen.

Die Leitung spricht: „Ewiger, wir danken dir für alles Wachsen und Gedeihen. Wir bitten dich um eine gute Zukunft für unsere Kinder. Spanne deinen Bogen aus und segne deine Schöpfung."

Violett: Die TN tragen zusammen, wo Umkehr nötig ist – Orte, Themen, Situationen, Geschöpfe, die darauf angewiesen sind, dass die Menschen umkehren und einen neuen Anfang für Beziehungen suchen.

Die Leitung spricht: „Ewiger, du rufst uns zur Umkehr. Bestärke in uns die Liebe zu dir und deiner Schöpfung, damit durch uns deine Liebe sichtbar wird und wir als dein Ebenbild leben. Spanne deinen Bogen aus und beginne täglich mit uns und deiner ganzen Schöpfung neu. Amen."

Liturgischer Abschluss

Lied
Solang es Menschen gibt auf Erden (EG 427, 3-5; GL 425,3-5)

Text/Gebet
    Herr und Gott, wir danken dir für dein Wort.
    Es ist größer als wir zu verstehen vermögen,
    Es betrifft uns und unser Leben.
    Es fordert uns heraus und stellt uns Fragen.
    Lass uns deinem Wort folgen,
    durch Jesus Christus. Amen.

Vaterunser

Segen

6.4 Bildbetrachtung

Johannes Beer

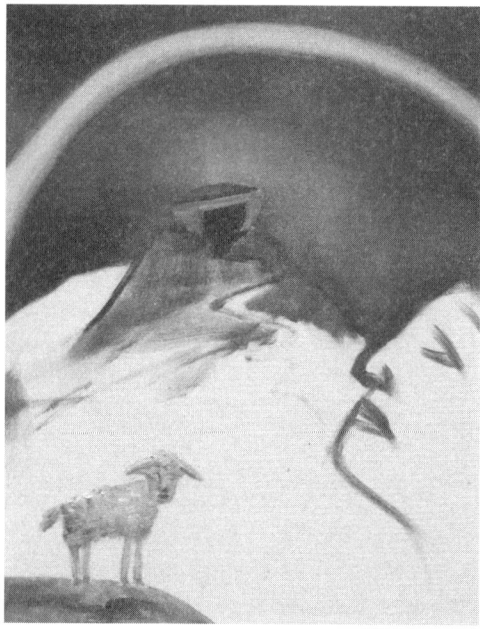

Friederike Kirchner: Genesis 9,1-17.28f. – Schöpfung und Bund, Öl auf Leinwand, 2022, 40,5 x 32,5 cm

Dieses Bild hat eine klare Unterteilung in einen hellen und einen dunklen Bereich. Der dunklere Bereich oben ist von unregelmäßigem Dunkelblau geprägt. Es mutet wie eine dunkle Regenfront an, aber wir können nicht erahnen, ob sie heran- oder abzieht. Vor der Regenfront auf dem Gipfel eines in Brauntönen gemalten Berges erkennen wir den dunklen schiffartigen Holzkasten. Die Öffnung klafft als dunkles Viereck in der Seite. Von dort schlängelt sich ein Weg herab in die helle Ebene der unteren Bildhälfte. Vor dem dunklen Bereich leuchtet ein Regenbogen in verschiedenen Farben. Er reicht vom linken bis zum rechten Bildrand und offenbar darüber hinaus. Im unteren Bildteil, der weitgehend weiß ist, schiebt sich in der unteren linken Ecke ein grüner Hügel ins Bild. Auf ihm steht ganz alleine ein Lamm und schaut aus dem Bild heraus die Betrachtenden an. Von rechts kommt ein Gesicht in den Blick. Es ist mit deutlichen dunkelblauen Strichen gemalt und im Profil zu sehen. Der Kopf ist angehoben und der Blick geht nach oben. Zuerst denkt man, dass der Blick dem dunklen schiffartigen Holzkasten und seiner Öffnung gilt. Aber beim genaueren Hinschauen sehen wir, dass dieser Blick über den Kasten hinweg auf den Regenbogen geht. Auf diesem Bild ist auch wichtig, was nicht dargestellt, beziehungsweise zu sehen ist. Da sind weder Menschen noch weiter Tiere. Da wirkt die Landschaft leer und verlassen. Die einzige Spur des Lebens ist das Lamm.

Noah ist mit der Arche gelandet. Alle haben die rettende Arche verlassen. Ein bunter Zug verschiedenster Tiere ist ins Land gezogen. Fröhliche Menschen haben einen Dankgottesdienst gefeiert. Das Leben ist auf die Erde zurückgekehrt und hat sich in der Welt neu verteilt. Aber all das wird hier auf diesem Bild nicht gezeigt. Es wird als bereits Geschehenes vorausgesetzt. Nur die leere Arche und der Weg vom Berg hinab erinnern noch an das, was war. Jetzt steht die Arche leer und verlassen da als Erinnerung an die Rettung. Aber im Zentrum der Bilderzählung stehen der Regenbogen, das Gesicht und das Lamm.

Auf den bisherigen Bildern war das Gesicht Gottes immer oben zu sehen. Gott kam herab, um die Welt, den Lebensraum zu schaffen und um bei den Menschen zu sein. Nun schaut er von unten zu dem Regenbogen auf, da er ihn sich selbst zur Erinnerung an sein Versprechen, zur Erinnerung an seinen Bund in die Wolken gesetzt hat. Und das Lamm Gottes steht schon bereit, um diesem Bund Gottes eine neue Dimension zu geben und einen neuen Bund zu stiften.

7.1 Exegese

Michaela Bauks

Mit der Völkerliste (Gen 10) öffnet sich die Perspektive der Urgeschichte auf die Völkerwelt. Integriert in eine Genealogie der Söhne Noahs entfaltet sie die mediterane Welt nach Urahnen, Völkern und Sprachen gemäß dem Schema der kulturellen Errungenschaften. Gen 11 führt in die entgegengesetzte Richtung, indem der existierenden kulturellen Vielfalt der menschliche Drang nach Vereinheitlichung entgegengestellt wird, der erneut zu einer Art der göttlichen Vertreibung führt.

> 1 Die ganze **Erde** hatte eine Sprache (wörtl. **Lippe**) und ein und dieselben Worte. 2 Als sie ostwärts aufbrachen, fanden sie eine Ebene im Land Schinar und siedelten sich dort an. 3 Sie sagten zueinander (wörtl. **einer zum Anderen**): **Auf**, formen wir Lehmziegel und brennen wir sie zu Backsteinen. So dienten ihnen gebrannte Ziegel als Steine und Erdpech als Mörtel. 4 Dann sagten sie: **Auf**, bauen wir uns eine **Stadt** und einen **Turm** mit einer Spitze bis in den Himmel! So wollen wir uns einen Namen machen, damit wir uns nicht über die ganze Erde **zerstreuen**. 5 Da stieg der HERR herab, um sich **Stadt und Turm** anzusehen, die die Menschenkinder **bauten**. 6 Und der HERR sprach: Siehe, ein Volk sind sie und eine Sprache haben sie alle. Und das ist erst der Anfang ihres Tuns. Jetzt wird ihnen nichts mehr unerreichbar sein, wenn sie es sich zu tun vornehmen. 7 **Auf**, steigen wir hinab und **verwirren** wir dort ihre **Sprache** (wörtl. **Lippe**), sodass keiner mehr die Sprache des anderen versteht. 8 Der HERR **zerstreute** sie von **dort** aus über die ganze Erde und sie hörten auf, an der Stadt zu bauen. 9 Darum gab man der Stadt den Namen Babel, Wirrsal, denn dort hat der HERR die **Sprache** (wörtl. **Lippe**) der ganzen Erde **verwirrt** (hebr. balal) und von dort aus hat er die Menschen über die **ganze Erde zerstreut**.

Zürcher Bibel. © 2007, 2019
Theologischer Verlag Zürich

Der Text und seine Struktur

Die Erzählung ist von zwei Genealogien gerahmt (Völkerliste in Gen 10 und Terach-Abraham-Genealogie in Gen 11,10-32). Sie schließt inhaltlich passend sowohl an die Völkerliste als auch an das Thema des in Gen 9,25 ausgesprochenen Kanaanfluchs an. Denn der Fokus ist in diesen Kapiteln auf Völker und nicht mehr auf Einzelfiguren gerichtet.

Wie bereits die Fluterzählung zeichnet sich Gen 11,1-9 durch eine konzentrische Struktur aus:

A   „ganze Erde, Lippe/Sprache" (V.1)

B   „dort" (V.2)

C   „Einer zum Anderen" (V.3)

D   „Auf!" (V.3-4)

E   „bauen" (V.3-4)

F   „Stadt und Turm" (V.4)

G   „Da stieg der Herr herab, um zu besehen"

F'   „Stadt und Turm" (V.5)

E'   „bauten" (V.5)

D'   „Auf!" (V.3-4)

C'   „Einer die Sprache/Lippe des Anderen" (V.7, vgl. V.6)

B'   „dort" (V.8)

A'   „ganze Erde, Lippe/Sprache" (V.9)

V. 5 markiert den Wendepunkt dieser konzentrischen Struktur, in dem Gott in das Geschehen eingreift. Es ist auffällig, dass V. 6 im Fortgang dieser Strukturskizze eine Sonderstellung einnimmt, indem dieser Vers gliederungstechnisch V. 7 nachgeordnet ist. In der Tat wird in diesem Vers ein zweites wichtigen Thema neben dem Turmbaumotiv angeführt, nämlich das der „einen Sprache" bzw. „Lippe" (EÜ: *eine Sprache und ein und dieselben Worte*) (vgl. V. 1b), die verlorengeht und die Zerstreuung der Menschen erst bewirkt (V. 8). Die Erzählung handelt also nicht nur von dem menschlichen Projekt, durch einen Turmbau den Himmel zu stürmen, sondern gibt auch eine Erklärung (Ätiologie) für die Existenz verschiedener Völker und Kulturen, die unterschiedliche Sprachen sprechen, ein Faktum, von dem in der Völkerliste bereits die Rede war (Gen 10,5.20.31), ohne es zu problematisieren.

Theologische Themen

Es ist deutlich, dass die Rede von der „einen Sprache" zuerst ein Ideal von Verständigung im Sinne von Einstimmigkeit zwischen den Menschen beschreibt, das in diesem Kontext jedoch ambivalente Folgen hat. Das Ziel erscheint zunächst durchaus ehrenhaft: Die Menschen brechen gemeinsam auf von einem Ort im Osten und lassen sich nieder im Land Schinar, in dem Babel liegt (Gen 10,10). Vom Osten ist in der Urgeschichte des Öfteren die Rede. Dort liegt der Garten in Eden (Gen 2,8), dessen östlichen Zugang die Keruben nach der Vertreibung des Menschenpaars bewachen (3,24). Östlich von Eden aus, aus dem Land Nod, musste auch Kain sich auf den Weg machen (4,16). Sobald die Emigranten von Gen 11 in Schinar ankommen, entwickeln sie technische Fertigkeiten, die an die kulturellen Errungenschaften in Gen 4,17ff erinnern: Sie produzieren die für die mesopotamische Architektur typischen Lehmziegel und gewinnen Pech bzw. Bitumen, einen in Mesopotamien bekannten Werkstoff (während die Levante üblicherweise Stein und Mörtel verbaut, was sich archäologisch übrigens als eine weitaus haltbarere Bauweise erwiesen hat). Daraufhin fassen sie einen Plan („Auf!"; V. 4), der unseren Erwartungen durchaus entspricht: Die Menschen wollen an dem neuen Ort einen Turm und eine Stadt bauen „damit wir uns nicht über die ganze Erde zerstreuen". Es geht ihnen also erst einmal um den sozialen Zusammenhalt. Doch ist das Projekt sehr ehrgeizig („So wollen wir uns einen Namen machen"), zumal es über den Turm weiterhin heißt, dass „dessen Spitze bis an den Himmel reicht". Das Streben nach Einheit scheint nahezu totalitäre Züge anzunehmen.

Babylonpolemik

Diese Art von Türmen finden sich in Mesopotamien in Form der *Zikkurat*, einem sog. Tempel- oder Stufenturm, wie er auch für die Hauptstadt Babylon belegt ist, dessen Überreste noch heute in Dur-Kurigalzu bewundert werden können. Obwohl das hebräische Wort *migdal* in der Bibel sonst stets profane Bauwerke bezeichnet (vgl. Jes 5,7), schwingen die Assoziationen an einen solchen Tempelturm in dieser Babel-Erzählung zumindest mit, zumal die Annäherung an die Spitze, die an den Himmel reicht, sich noch ein weiteres Mal in Gen 28,12.17 findet (Jakobs Himmelsleiter). Beide Texte unterscheiden sich darin, dass Gott Jakob diese Leiter in einer Epiphanie sehen lässt und nicht etwa Jakob sie errichtet, um sich zu Gott „aufzuschwingen".

Rekonstruktion des Tempelturms „Etemenanki" („Fundament von Himmel und Erde") nach R. Koldewey, in Babylon (7. Jh. v. Chr.), auf den Gen 11 anspielen dürfte. (vgl. D. Wicke).

Die Illustration zeigt einen dem Marduk gewidmeten Tempelturm in Babylon, dem eine wichtige Funktion für die Legitimation des göttlich eingesetzten Königtums zukommt. Das bereits zitierte babylonische Weltschöpfungsepos *Enuma eliš* (s. Thema 1 auf S. 24) ist die religiöse Programmschrift für die kultische Begehung des alljährlichen Neujahrsfests, das den Aufstieg Marduks sowie die Inthronisierung des Königs vergegenwärtigt. Da im 6. Jh. v. Chr. der babylonische König Nebukadnezar verantwortlich für die Zerstörung Jerusalems und Judas ist, ist es zulässig, in der Erzählung in Gen 11 parodistische Züge zu erwarten: Der im Altertum bekannte babylonische Tempelturm wird zur Metapher für den Hochmut eines Reichs, das zwar auch schon damals weltbekannte Architektur hervorbringt, aber doch vergänglich ist – denn 539 v.Chr. wird das Reich von den persischen Königen erobert und Babylon 484-482 v.Chr. von König Xerxes zerstört. Die Machtübernahme der Perser wird in anderen biblischen

Texten geradezu als Rettungsakt Gottes gefeiert (vgl. Jes 44,28-45,7) und gilt als Zeichen seiner Güte und Verheißung der Restauration seines Volkes.

Das gemeinsame Ansinnen der Menschen in Schinar lässt also auch an Übergriffigkeit gegenüber Gott denken. Die Erzählung handelt davon, wie ein weiteres Mal in der Urgeschichte nicht etwa der Bezug auf Gott und das von ihm geschenkte Leben, sondern menschliche (Macht-)Interessen ins Zentrum gerückt sind. Einen Gegentext dazu bildet z.B. Gen 12,2, in dem Gott Abraham verheißt, ihn zu einem großen Volk und seinen Namen groß zu machen (ähnlich Zef 3,19-20). Nun ist das Vorhaben, „sich [durch ein Bauwerk oder andere Taten] einen Namen zu machen" (V. 4), ein durchaus verbreitetes Konzept. Denn so verschafft sich der Mensch über den Tod hinaus die Möglichkeit zur langanhaltenden Erinnerungskultur. Repräsentative Bauten dienen als eine Verewigungsstrategie neben dem Totengedenken der Nachkommen (vgl. Sir 44,1-14). Am Ende des Gilgameš-Epos (Taf. XI,323-328 vgl. I,18-23), als der königliche Held den Tod seines Freundes bitterlich beklagt und mit dem Verlust des Krauts des Lebens die Hoffnung auf die eigene Unsterblichkeit begräbt (Taf. XI, 280-309), besinnt er sich auf die Restaurierung seiner Stadt Uruk, mit dem Ziel, seinem Volk nachhaltigen Schutz zu gewähren und sich selbst in den Bauwerken einen ewigen Namen zu schaffen.

In Gen 11 wird diese Strategie jedoch pervertiert, geht sie doch – vom Ende her gelesen (V. 9: Babel) – einher mit dem Gedenken an die Großmacht, die sich dadurch einen großen Namen machte, dass sie weite Teile Israel-Judas unterwarf, um letzten Endes selbst von der politischen Bühne zu verschwinden. Spätestens seit dem 16. Jh. n.Chr. wurde das Motiv des Turms von Babel zu einem Evergreen der europäischen Kunstgeschichte, wobei der Turmbau im Sinne von menschlicher Hybris (*superbia*) als das Paradebeispiel schlechthin gedeutet wurde.

Der ambitionierten Menschheit Schranken weisen

Nun setzt Gott dem Aufbruch der Menschen (Auf!; V. 4) seinen eigenen Aufbruch entgegen („Auf, steigen wir hinab", V. 7), um das Projekt zu vereiteln. Der Plural verwundert die heutige Leserschaft, zumal ein majestätischer Plural („wir König von Gottes Gnaden") im klassischen Hebräisch nicht belegt ist. Zusammen mit dem Plural „Lasst uns Menschen machen" (Gen 1,26) könnte sich darin ein polytheistischer Rest oder auch die Vorstellung eines göttlichen Thronrats verbergen, wie er uns auch in Hi 1-2 prominent begegnet. In jedem Fall wird deutlich – Gott lässt die Vermischung der Ebenen (Himmel – Erde) nicht zu, sondern vermischt seinerseits (hebr. *bll*) ihre Lippen, sodass die Menschen einander nicht mehr verstehen und ihr Projekt nicht fortsetzen können. Es ist mit den Händen zu greifen, dass das Pfingstwunder in Apg. 2,1-13 eine Umkehrung dieser Erzählung darstellt.

Ein zweites wichtiges Motiv, das neben der Vermischung (von Sprachen oder Worten) die Erzählung beherrscht, ist das der Zerstreuung (hebr. *pûṣ*; V. 4.8f). Anders als in Gen 9,19 und 10,18, wo Zerstreuung quasi wie die Erfüllung des Mehrungssegens zitiert ist, in dem Sinne, dass sich die Menschen auf der Erde verteilen, dient die Zerstreuung hier der Prävention: Der Mensch soll sich nicht in vermessener Weise über Gott erhöhen, er soll ihm nicht autonom entgegentreten. Wurden das erste Menschenpaar und Kain vertrieben, werden die Leute von Schinar in ihrer „Einheit" zerstreut. Die Zerstreuung hat jedenfalls zur Folge, dass das Bauprojekt eingestellt wird (V. 8). Der letzte Vers bündelt die Erzählung in einer Namensätiologie über die Stadt Babel (= Babylon), „denn dort hat der HERR die Sprache der ganzen Erde verwirrt und von dort aus hat er die Menschen über die ganze Erde zerstreut."

Die biblische Urgeschichte beschließt den Erzählbogen in Gen 11,1-9 mit einer Warnung vor dem menschlichen Streben nach Vereinheitlichung. Die hier gezeichnete Einheit hat nichts Friedvolles. Sie lässt an Machtdemonstration denken, an die Vorläufer einer imperialen Politik, die nach Zentralismus und Totalitarismus strebt, Menschen unterwirft und Kulturen zum Eigennutz und zur besseren Ausbeutung vereinheitlichen will. **Einheit in Gen 11 ist nicht Einigkeit, es geht nicht um das gute Leben unter den Menschen im Angesicht Gottes, sondern um eine befestigte Bastion, die über die Grenzen hinaus Berühmtheit anstrebt und (vielleicht auch in berüchtigter Weise) die Gleichschaltung der vor Ort lebenden Menschen postuliert.** Die historischen Anspielungen auf eine bestimmte imperiale Weltmacht, unter der Israel-Juda sehr gelitten hat, dürften kein Zufall sein. Der Hinweis auf Lehmziegel und Asphalt erinnert zudem an eine andere Geschichte von Knechtschaft: In Ex 1,14 wird mit einem Hinweis auf die harte Arbeit der Israeliten mit Lehm, Ziegeln und Feldarbeit die Zwangslage illustriert, in der sie sich in Ägypten wiederfinden. Die Geschichten des zukünftigen Gottesvolks ab Gen 12, wie auch die gesamte Tora, machen deutlich, dass die Abrahamiten – ihnen ist die Genealogie in den letzten Versen von Kapitel 11,10ff gewidmet – eine andere Vision von der Weltordnung haben und sich immer wieder bereitwillig auf den Weg machen, um solchen imperialen Strukturen zu entgehen und der Schöpfungsordnung Gottes entsprechend leben zu können (vgl. Ex 1-14).

7.2 Der Text heute – Themen und Bausteine

Kerstin Offermann

Die Geschichte, die in Genesis 11 erzählt wird, kann man auf unterschiedliche Arten lesen. Man kann sie als *Befreiungsgeschichte* lesen, als *Geschichte des Scheiterns* menschlichen Fortschrittsglaubens oder als *Geschichte des Abbruchs* menschlicher und göttlicher Beziehungen oder als Geschichte der *kulturellen Fortentwicklung* der Menschheit.

Es könnte für die TN eine hermeneutische Entdeckung sein, dass Bibeltexte solch unterschiedliche Deutungen zulassen, und lohnenswert, mit ihnen diese unterschiedlichen Deutungsweisen mit ihren Begründungen und ihren Konsequenzen zu bedenken.

Thema: Einheit und Pluralität

Eine **Befreiungsgeschichte** ist Genesis 11 dann, wenn man bei der Lektüre den Schwerpunkt auf die historischen Anspielungen im Text legt (vgl. Exegese). Dann ist die eine Sprache die erzwungene Sprache der babylonischen Besatzer, die aber mit ihrer totalitären Politik durch Gottes Befreiungshandeln scheitern. Als logische Fortsetzung dieser Deutung folgt dann in Gen 12 die Berufung Abrahams und der Beginn einer neuen Geschichte Gottes mit einer sich im Folgenden neu konstituierenden Nation, die zwar klein ist, aber unter Gottes Schutz steht und darum um ihre politische und kulturelle Unabhängigkeit kämpft.

Der Text vermittelt dann die Botschaft: Keiner hat das Recht seine Meinung oder Ziele absolut zu setzen. Darum kritisiert der Text das Bemühen sich *einen* Namen machen zu wollen, statt alle mit ihren eigenen Namen und Bedeutungen gelten zu lassen. Einheit bedeutet in diesem Fall Totalität und das Unterdrücken von Minderheiten und ihren Sprachen und Kulturen. Damit nimmt der Text ein Thema von Genesis 1 wieder auf: Gott hat eine bunte, vielfältige und plurale Schöpfung gewollt und geschaffen, die der Mensch nun zu vereinheitlichen sucht.

Eine Geschichte des Scheiterns menschlichen Fortschrittsglaubens ist Genesis 11, wenn man den historischen Fokus, unter dem man diese Geschichte betrachtet, nicht in die Zeit des babylonischen Exils legt, sondern schon deutlich früher verortet, nämlich als Reflexion der Zeit erster Sesshaftwerdung und des ersten Städtebaus der Menschheit. Carel van Schaik und Kai Michel eröffnen diesen Horizont in ihrem *Tagebuch der Menschheit*. Demnach hat die Menschheit durch ihr Sesshaftwerden mit der Ausbreitung von Krankheiten und Seuchen zu kämpfen. Dieser Kampf verstärkt sich dramatisch, wenn in neu entstehenden Städten viele Menschen unterschiedlicher Herkunft beengt miteinander leben. Eine weitere Potenzierung findet diese Entwicklung auf den Großbaustellen, auf denen Menschen mit ganz unterschiedlichen Sprachen auf engstem Raum und unter schwierigen Verhältnissen miteinander arbeiten. Eine Brutstätte für Krankheiten und Epidemien, die dann auch viele antike Großbauprojekte scheitern und verwaiste Baustellen zurückließen. Solche Seuchen und Epidemien wurden aber damals als Strafe der Götter aufgefasst. Daher wird von Gottes Eingreifen erzählt.

Thema: Fortschritt als Selbstverwirklichung des Menschen

Sehr aktuell wird diese Deutung, wenn man die Geschichte mit dem Zeitgeist konfrontiert, der heute unsere Gesellschaft antreibt und der sich beispielhaft durch zwei Slogan beschreiben lässt, die eher zufällig ausgewählt in den letzten Monaten meine Aufmerksamkeit erregt haben: „Wenn du es dir vorstellen kannst, kannst du es auch tun." (Monatsmotto aus dem Fitness-Studio) und: „Träume nicht dein Leben, lebe deinen Traum, du musst nur doll genug an dich glauben." (Botschaft eines erfolgreichen Teilnehmenden von *The Voice*).

Diese Zitate vermitteln den Eindruck, dass wir uns nur genug bemühen müssen, dann kann uns eigentlich alles gelingen. Diese Überzeugung ist eine wesentliche Triebfeder des Fortschritts, sie ist sicherlich das Bekenntnis des Fortschrittsglaubens, aber unsere Lebenserfahrung und die Geschichte aus Genesis 11 lehren uns, dass in dieser linearen Erfolgsidee ein Selbstbetrug steckt, weil sie die Realität der Welt nur unzureichend abbildet. Wir alle kennen die Erfahrung von Grenzen, die wir nicht durch noch mehr Willensanstrengungen überwinden können, die Erfahrung von Kontingenz und Ohnmacht.

 Aus dem Text Gen 11 stammt der Titel dieser Bibelwoche: „Das ist erst der Anfang". Ist dieser Titel eher ein Hoffnungswort oder eine Drohung? Was lesen die TN dazu aus der Geschichte heraus? Welche Hoffnungssätze haben die TN in den Texten dieser Bibelwoche gefunden? Welche Hoffnungssätze motivieren die TN in ihrem alltäglichen Leben?

Limitierung als Motor

Wenn aber die ungebrochene Allmachtsphantasie gescheitert ist, kann gerade die Limitierung zum Motor für Innovationen werden. Die Menschen zeichnen sich gerade durch diese Fähigkeit aus, ihren Mangel so auszugleichen, dass aus ihm ein Vorteil wird. So war es z.B. die Begrenzung seiner musikalischen Möglichkeiten, die Miles Davis dazu veranlasste, statt des schnellen und technisch anspruchsvollen Bebop, eine andere Art Trompete zu spielen zu kultivieren. Damit wurde er zum Erfinder einer neuen Musikrichtung, des Cool-Jazz, und veränderte dadurch die Musikgeschichte nachhaltig. Ein anders Beispiel ist Samuel Koch, der nach seinem Sturz bei „Wetten, dass" und seiner resultierenden Querschnittslähmung eine Karriere begonnen hat, die genau auf dieser Erfahrung des Scheiterns und der Limitierung aufbaut. Gerade angesichts der gegenwärtigen Situation, dass Kirche immer mehr Reichweite einbüßt, ist diese konstruktive Dimension limitierender Erfahrungen hilfreich und bedenkenswert.

Thema: Sprache/Beziehung

Sehr prominent tritt die Deutung der Geschichte aus Genesis 11 als **Abbruchs menschlicher und göttlicher Beziehungen** in den Blick, wenn die Sprachverwirrung in den Mittelpunkt der Deutung gestellt wird. Interessanterweise war zur Zeit der babylonischen Vorherrschaft nicht etwa babylonisch, sondern aramäisch die von allen geteilte Sprache. Sie war so international verbreitet wie heute Englisch, was wohl daran lag, dass sie als Alphabetschrift deutlich besser kulturell übergreifend angewandt und angepasst werden konnte als die Keilschrift.

Denken Sie mit den TN über das Wesen von Sprache nach, indem Sie z.B. ein Schreibgespräch anbieten.

Sprache ist sowohl die Quelle von Verstehen als auch von Missverstehen. Manchmal versteht man sogar Menschen, die eine andere Sprache sprechen, besser als die, die scheinbar die gleiche Sprache benutzen wie man selbst. Sprache ist ein Identitätsmarker. Sie vermittelt Zugehörigkeit und kulturelle Identität. Als solche kann sie sowohl Integrations- als auch Machtmittel sein. Sprache ist ein Reichtum und eine Barriere. Für Menschen, die versuchen in einer fremden Kultur anzukommen, ist die Sprache der Türöffner. Als Muttersprache ist Sprache Heimat, als Fremdsprache erweitert sie den Lebenshorizont. Sprache trägt gehöriges Konfliktpotential in sich, wenn z.B. die Forderung nach sprachlicher Sensibilität erhoben wird. Sprache kann rassistisch und sexistisch sein. Sie kann verletzen und beleidigen, erniedrigen und ausschließen. Das sogenannte „gendern" ist hochumstritten, die Diskussion darum äußerst wichtig. Sprache bedeutet aber auch den Zugang zu neuen Welten, zu Bildung, zu Wissenschaft und Verständigung.

 Im Downloadbereich finden Sie zur 7. Einheit ein Bible Art Journaling. Betrachten Sie mit den TN das Bild. Welche Botschaft entdecken Sie darin? Ich sehe eine Gruppe von Menschen, die Probleme und Herausforderungen gemeinsam angeht und sich dabei als gemeinsamer Sprache der Sprache der Wissenschaft bedient. Aber: Ist Wissenschaft noch Garant universeller Verständigung? Gerade heute sehen wir die Grenze dieser Hoffnungsperspektive! Denn Wissenschaft ist nicht mehr bloß deskriptiv, distanziert und objektiv wie sie es dem eigenen Verständnis nach ist und es auch weiterhin gerne wäre. Durch ihre fatalen Erkenntnisse zum Klimawandel wird sie notwendig normativ. Das aber bringt sie in das Dilemma zugleich mit sich selbst in Widerspruch geraten zu sein und über ihre impliziten Forderungen politisch anfechtbar und damit fraglich zu sein (Der Gedankengang ist sehr vereinfacht Bruno Latours Kampf um Gaia entnommen).

Thema: Gottesbeziehung/Gottesferne

Der Text erzählt nicht nur vom Abbruch menschlicher Beziehungen, sondern auch von einer Gottesferne, die den anderen Texten der Urgeschichte sehr fremd ist. Gott kommt herunter und guckt nach, was die Menschen so treiben. Das ist einerseits cartoonhaft und ironisch erzählt, spiegelt andererseits aber auch die menschliche Erfahrung, dass Gott eben nicht im alltäglichen Geschehen anwesend ist.

Deutet man den Turm als Teil einer Tempelanlage, dann suchen die Menschen doch die Nähe zu Gott und versuchen (wieder) in Kontakt mit Gott zu kommen. Dieser Versuch der Kontaktaufnahme zwischen Mensch und Gott scheint schwierig zu sein und ist in dieser Geschichte letztlich missraten. Die Menschen gehen nun eigene Wege. Sind das Wege ohne Gott, oder geht Gott so wie vorher in den Geschichten auch auf den Abwegen mit?

Heute ist es nicht mehr Gott, der Menschen wegschickt und zerstreut. Die Menschen zerstreuen sich selbst und ziehen aus den Kirchen aus, weg von Gott, auf neuen, eigenen Wegen. Hat dieser Auszug auch etwas damit zu tun, dass die Sprache, die in den Kirchen gesprochen wird, für Menschen aus Kreisen, die keine starke kirchliche Sozialisierung mehr haben (oder

nie hatten), nicht mehr verständlich ist? Sie vermittelt keinen Zugang mehr zu Gott, obwohl noch erstaunliche viele Menschen biblische Geschichten als prägend für ihre eigene Biografie erlebt haben und biblischen Geschichten auch eine Orientierungskraft für heutige Fragen zusprechen. Die vom sozialwissenschaftlichen Institut der EKD koordinierte Kirchenmitgliedschafts-Untersuchung („VI. KMU") wird, so ist die Hoffnung, gerade für diesen Bereich wichtige und aussagekräftige Erkenntnisse liefern.

Es gibt also eine gegenseitige Suchbewegung zwischen Gott und Mensch, die nur an einer akuten Sprachverwirrung und an gravierenden Kulturdifferenzen zu kranken scheint. Die Texte der Urgeschichte erzählen davon, wie Gott diesen Kontakt sucht, wie Gottes Versuche scheitern, wie Gott dann aber mit- und den Menschen nachgeht. Damit entspricht die Erfahrung der Urgeschichte und die in ihr erzählte Erfahrung Gottes auch unserer Erfahrung mit Gott und Mitmenschen. Auch wir versuchen ja, in Kontakt mit Menschen zu bleiben, und erleben dabei auch immer wieder Missverständnisse, Desinteresse und unsere eigenen Grenzen.

Thema: Fortschritt als kulturelle Entwicklung

Genesis 11 lässt sich aber auch als **Geschichte der kulturellen Fortentwicklung der Menschheit** lesen. Die Zerstreuung, von der am Ende erzählt wird, ist gar nicht nur negativ. Sie ist auch die Erfüllung des Schöpfungsauftrags: „Wimmelt auf der Erde" war in Gen 9,7 Gottes Auftrag an die Menschen (nach der Elberfelder Übersetzung). So gesehen erzählt Genesis 11, dass die Menschen das gar nicht wollen. Sie wollen lieber innerhalb der sicheren Grenzen der Stadt, und beieinander, bleiben. Erst die Zerstreuung bringt diese Reichweitenvergrößerung mit sich und damit neues, ungeahntes Potenzial zu kultureller Entfaltung, Entwicklung und Vielfalt. Somit ist Genesis 11 tatsächlich ein Etappenziel dessen, was Gott in Genesis 1 begonnen hat. Die Menschen in der Zerstreuung werden, wohin sie auch kommen, neue Städte bauen, neue Kulturen gründen, fruchtbar sein und sich ausbreiten. Auffällig ist allerdings, dass Genesis 11 der erste und einzige Text des Erzählzusammenhangs „Urgeschichte" ist, in dem Pflanzen und Tiere („alles was lebt"), die Mitgeschöpfe des Menschen, also die Natur, gar nicht mehr vorkommt.

Thema: Stadt

Die Städte sind das Hoheitsgebiet der Menschen, verdrängen ihre Mitgeschöpfe. Das spiegelt unsere Erfahrung – auch durchaus leidvoll – bis heute. Unsere Städte leiden daran, dass wir in ihnen keinen Platz mehr für unsere Mitgeschöpfe lassen. Sie heizen sich im Sommer dramatisch auf, die Luft in ihnen ist schlecht; weil uns das lebendige Grün und der Kreislauf der Jahreszeiten aus dem Blick gerät, brennen wir selbst innerlich aus.

Ist die Stadt, die sie bauen, also wirklich das neue Paradies? Aus dem sie dann wiederum vertrieben werden? Eine ironisch-tragische Dimension des Textes fällt hierbei auf: Die Menschen haben Angst sich zu verlieren, darum wollen sie alles tun, um die Gefährdung ihrer Daseinsweise zu vermeiden. Und gerade deshalb verlieren sie sich.

Wenn aber nun die Menschen in der Zerstreuung damit beginnen erneut Städte und Kulturen zu bauen – was sie ja sicherlich tun werden –, in großer Vielzahl und Pluralität, dann entsteht offensichtlich aus der Katastrophe Menschheitsgeschichte und es entstehen neue Geschichten Gottes mit ihren Menschen.

Über die Geschichte Gottes mit Abraham und dessen Nachkommen hinaus weitet das Neue Testament den Blick auf die weltweite Bühne, wenn in der Apostelgeschichte 2 an Pfingsten quasi die Gegengeschichte zu Genesis 11 erzählt wird: eine Geschichte der Verständigung, ohne Vereinheitlichung. Es entsteht durch Gottes Geistkraft eine Einheit aus vielen Sprachen und Kulturen, die diese Pluralität bewahrt, indem sie Verständnis und Verständigung in der Vielsprachigkeit und Vielgesichtigkeit bewirkt.

Liedvorschläge

* Gott wohnt in einem Lichte, dem keiner nahen kann
* Strahlen brechen viele aus einem Licht
* Ich steh vor dir mit leeren Händen

Katharina Wiefel-Jenner

Vorbereitung

Inhaltlicher Schwerpunkt

Die Sprachverwirrung am Ende der Geschichte des Turmbaus wird in der Regel als Strafe für die menschliche Hybris gedeutet. Bei genauerer Betrachtung des Abschnitts kann Gottes Eingreifen aber auch als Schutz für die Menschen und sogar als Befreiung verstanden werden. Das Handeln der Menschen ist auf Größe und Macht ausgerichtet. Mit dem Bau der Stadt und des Turms sollen alle Grenzen überschritten werden und es gibt kein Interesse am einzelnen Menschen. Dies kommt auch darin zum Ausdruck, dass man sich in einer Einheitssprache verständigt. Gott unterbricht das Tun der Menschen. Die Menschen müssen ihr Bauprojekt aufgeben.

So verstanden, ist die Turmbaugeschichte eher die Feststellung, dass die Menschen über die ganze Erde verstreut leben und hinter Gottes Handeln verbirgt sich seine befreiende Zuwendung zu den Menschen. Gott befreit die zur Mitarbeit in einem größenwahnsinnigen Projekt Gezwungenen, in dem sie entindividualisiert und als einzelne unwichtig werden. Die Einheitssprache gilt nicht mehr, aber noch bleibt unklar, wie die Menschen einander verstehen können.

Raumgestaltung

Stuhlkreis mit der Möglichkeit, Viergruppen zu bilden und an Tischen zu arbeiten.

Materialien und Medien

Papierbögen, Stifte. Der Text wird in großer Schrift und mit sehr großem Zeilenabstand ausgedruckt, damit etwas darüber oder darunter geschrieben werden kann. Der Text wird in einzelne Papierstreifen zerschnitten. Auf jedem Streifen steht ein Satz. Das kann ein ganzer Vers sein oder nur eine Vershälfte. Für vier TN wird jeweils ein Satz Textstreifen vorbereitet. **Es kann hilfreich sein, dass jeder Ausdruck eine andere Farbe hat.**

Zur Gestaltung des Abends

Liturgische Eröffnung (ca. 10 Min.)

Lesung: Psalm 46,1-8

Gebet
   Ewiger,
   an allen Orten der Erde vertrauen dir Menschen,
   zu allen Zeiten hören Menschen auf dein Wort,
   in vielen Sprachen wirst du gepriesen.
   Sei in unserer Mitte,

wenn wir hier auf dein Wort hören,
wenn wir dich heute suchen,
wenn wir dir in unserer Sprache antworten und dich loben.
Segne uns durch dein Wort.
Amen.

Kanon

Gottes Wort ist wie Licht in der Nacht;
es hat Hoffnung und Zukunft gebracht;
es gibt Trost, es gibt Halt in Bedrängnis,
Not und Ängsten, ist wie ein Stern in der Dunkelheit.

Auf den Text zugehen: (ca. 20 Min.)

Vierergruppen werden gebildet. Jede Gruppe erhält die einzelnen Sätze des Textes auf einzelnen Papierstreifen sowie mehrere leere Streifen und Stifte. Die TN werden aufgefordert, den Text wieder zusammenzusetzen. Sie können, wo sinnvoll, auch einen weiteren Satz einfügen, den sie auf einen leeren Streifen schreiben. Dabei soll geachtet werden ...

→ auf die Schlüsselworte und an welchen Stellen sie vorkommen,

→ und an welchen Stellen die Reihenfolge der Sätze irritierend war.

Im Anschluss berichten die Gruppen, woran sie sich beim Sortieren orientiert haben. Gemeinsam schauen alle auf die Abfolge/Struktur des Textes.

→ Gab es überraschende Beobachtungen?

→ Wurden Sätze ergänzt? Wenn ja, warum und mit welcher Aussage?

Dem Text begegnen: (ca. 30 Min.)

Inhaltlicher Impuls

Die Turmbaugeschichte will weniger Bericht über einen gescheiterten Städte- und Turmbau sein, auch wenn sie oft so verstanden wurde und man schon in der Antike die Überreste vom Turmbau entdeckt zu haben meinte und archäologische Entdeckungen mit dem Bibeltext in Verbindung gebracht werden. Inspirierender für heute kann sein, wenn man in der Erzählung die Situation derer bedenkt, die sich die Geschichte als erstes erzählten und ihre schriftliche Textgestalt formten. Liest man die Erzählung als Reflektion der Lage Israels und Judas Lage im Exil, dann geht es um ein Leben unter imperialer Vorherrschaft, in der der eigene Glaube und die eigene Identität und Sprache unterdrückt wurden. Die Ziegel erinnern an die Sklavenarbeit in Ägypten, aus der Gott Israel befreit. Die Einheitssprache verweist auf die Unterdrückung der eigenen Sprache und Identität durch die Machthaber.

Die Geschichte ist Ausdruck der erfahrenen Befreiung und zugleich der Hoffnung auf neue Befreiung. Gott befreit aus der Sklavenarbeit im Exil und Gott befreit dazu, der eigenen Identität entsprechend mit der eigenen Sprache zu leben. Ggf. müssen Informationen zur Verschleppung Israels und Judas durch die Assyrer und Babylonier ergänzt werden und wie die Hoffnung auf Rückkehr nach Hause wachblieb und sich erfüllte.

Einladung zur Identifikation mit den Turmbauer:innen

Die TN versetzen sich in die Lage der Verschleppten und erzählen aus dieser Perspektive die Turmbaugeschichte. Die Verse 1-4 werden dazu umformuliert – aus der freiwilligen, aktiven Haltung wird eine passive, in der die Menschen gezwungen wurden (sie wurden in die Ebene gebracht, mussten sich niederlassen, mussten Ziegel brennen ...). Dazu werden die Papierstreifen genutzt und die Veränderungen über oder unter den Text geschrieben.

Je nach Gemeindegruppe, kann dies bereits als Text von der Leitung vorbereitet werden oder von den TN selbst so umgewandelt werden, dass in den Versen die ins babylonische Exil Verschleppten sprechen.

Gesprächsimpulse

Zu jedem Impuls werden auf Papierbögen ein/oder zwei Stichworte aufgeschrieben und in die Mitte gelegt:

1. Die TN versetzen sich in die Lage der Verschleppten und überlegen, welche Ängste sie bewegten.
2. Die TN überlegen, wie die Verschleppten die Zwangsarbeit erlebt haben und tauschen sich darüber aus.
   Hier kann die Leitung aus dem Midrasch (Pirkel de Rabbi Elieser, 24) erzählen. Die Leute von Babel waren nur um den Bau und nicht um die Arbeiter besorgt: „Wenn ein Mensch vom Bau fiel und starb, erregte es keinerlei Aufmerksamkeit. Wenn aber ein Ziegelstein herunterfiel und zerbrach, trauerten sie und weinten und sprachen: ‚Weh uns, wann wird ein anderer an seiner Stelle auf den Bau gebracht werden?'"
3. Die TN überlegen, wie es war, die eigene Sprache nicht sprechen zu dürfen oder nur in der Familie nutzen zu können.
4. Die TN überlegen, ob sie oder andere in Familie und Gemeinde ähnliche Erfahrungen machen mussten.
5. Die TN überlegen, um wessen Namen es geht. Wer will sich einen Namen machen (V4) und welche Rolle spielt der Bau dabei?

Kanon

> Gottes Wort ist wie Licht in der Nacht;
> es hat Hoffnung und Zukunft gebracht;
> es gibt Trost, es gibt Halt in Bedrängnis,
> Not und Ängsten, ist wie ein Stern in der Dunkelheit.

Zweiter inhaltlicher Impuls:

In der Bibel wird als Gottesbezeichnung auch der „Name" verwendet bzw. Gottes Name „vertritt" Gott bei den Menschen. Nachdem in V4 davon die Rede ist, sich einen Namen zu machen, tritt Gott auf. Mit V5 wechselt das Subjekt. Jetzt spricht und handelt Gott. Die TN lesen V5-8 vor.

Gesprächsimpulse

Zu jedem Impuls werden auf Papierbögen ein/oder zwei Stichworte aufgeschrieben und in die Mitte gelegt:

1. Die TN überlegen, wie der Wechsel von V4 zu V5 zu erklären ist.

2. Die TN überlegen, wie sich der Name Gottes und das Großmachen des Namens durch den Turmbau voneinander unterscheiden.
3. Die TN versetzen sich in die Lage der Verschleppten und überlegen, welche Hoffnungen sie bewegten.
4. Die TN versetzen sich in die Lage der Verschleppten und überlegen, wie durch die vielen Sprachen Gottes Name groß wird.

Kanon

> Gottes Wort ist wie Licht in der Nacht;
> es hat Hoffnung und Zukunft gebracht;
> es gibt Trost, es gibt Halt in Bedrängnis,
> Not und Ängsten, ist wie ein Stern in der Dunkelheit

Mit dem Text weitergehen: Gott geht mit (ca. 20 Min.)

Inhaltlicher Impuls

Die Turmbaugeschichte steht am Übergang von der Urgeschichte zur Geschichte Gottes mit seinem Volk. Es geht weiter mit Abraham und Sara und der Frage, wie wir einander und wie wir Gott verstehen. Die Erzväter und Erzmütter wollen sich genauso wenig wie die Propheten und Apostel selbst einen Namen machen, sondern machen Gottes Namen groß. So zeigen sie wie Verstehen zur Befreiung aus totalitären Verhältnissen führt. Wenn es um Gottes Namen geht, ist Verstehen sogar dann möglich, wenn es keine gemeinsame Sprache gibt. Die Pfingstgeschichte erzählt davon.

1. Die Blätter mit den Stichworten zu den Gesprächsimpulsen werden in die Mitte gelegt und sortiert. Die TN entscheiden, welches Stichwort dabei hilft, einander zu verstehen, welches die Verständigung verhindert.
2. Die Leitung nimmt die einzelnen Blätter auf. Sie liest die Stichworte und lädt dazu ein, während sie die einzelnen Stichworte vorliest, in der Stille an Situationen oder Personen zu den jeweiligen Stichworten zu denken. Sie beschließt die Stille mit dem Gebet.

Gebet

> Gott, barmherzig und ewig,
> du verstehst uns,
> du befreist uns.
> Wir bringen unsere Sehnsucht
> und unsere Sorgen vor dich.
> Du kennst unsere Sorge.
> Du kennst die Menschen,
> die Orte,
> die Situationen, um die wir uns sorgen.
> Wir bitten dich um dein Erbarmen.
> Du kennst unsere Sehnsucht.
> Du kennst die Menschen,
> die Orte,
> die Situationen, die uns singen lassen.

Wir danken dir.
Wir bitten dich: Du verstehst uns. Hilf uns, einander zu verstehen.
Sei mit deinem heiligen Geist bei uns,
belebe und ermutige uns.

Liturgischer Abschluss

Kanon
Gottes Wort ist wie Licht in der Nacht;
es hat Hoffnung und Zukunft gebracht;
es gibt Trost, es gibt Halt in Bedrängnis,
Not und Ängsten, ist wie ein Stern in der Dunkelheit.

Vaterunser

Segen

7.4 Bildbetrachtung

Johannes Beer

Friederike Kirchner: Genesis 11,1-10 – Der Turm in Babel, Öl auf Leinwand, 2022, 40,5 x 32,5 cm

Eine Blase, eine offenbar bewegliche Hülle umgibt die hier gezeigten Menschen und ihren Lebensraum. Wir erkennen im Inneren dieser Hülle im Hintergrund eine Landschaft aus Bergen und Ebenen. Sie ist in Grün- und Gelbtönen gehalten. Auch das Blau des Wassers ist rechts zu finden. Die Landschaft wirkt verzerrt, so wie wir es von Weitwinkelaufnahmen kennen. Die Darstellung erinnert an Fotografien aus Flugzeugen oder von Drohnen. Das Gefühl von großer Höhe stellt sich beim Betrachten dieser Landschaft ein.

Im Vordergrund dieser Hülle sehen wir zwei Menschen auf einer Art Turmspitze. Sechseckig ist das Bauwerk nach oben in schwindelerregende Höhen gewachsen. Die Plattform oben ist so klein, dass nur ein Mensch darauf knien kann. Sie hat ein kleines Geländer, sodass der Mensch sich festhalten kann. Und der Zugang geht offenbar nur so, dass man außen an der Turmspitze hochklettert.

So hängt der untere Mensch mit der linken Hand an der Plattform und hält sich mit der rechten an einer Turmecke fest. Der Blick dieses Menschen ist nach oben zu dem anderen gerichtet. Dieser kniet auf der Plattform und hält sich mit der rechten Hand an dem Geländer fest. Er ist, soweit es ihm möglich ist, nach vorne gebeugt. Er streckt sich, um möglichst weit zu reichen. Seinen linken Arm und seine Hand hat er ausgestreckt. Er versucht, die Hülle zu erreichen, vielleicht durch sie hindurch nach den Sternen zu greifen, die außerhalb dieser Hülle sind. Aber die Hülle weicht zurück, beult sich aus. Außerhalb der Hülle ist es dunkel. Es erinnert an die dunklen Weiten des Weltalls, zumal auf diesem Bild drei leuchtende Sterne außerhalb der Hülle in diesen dunklen Raum gemalt sind. Oben aber wird der dunkle Raum heller und von der oberen Kante aus schiebt sich ein Gesicht in das Bild. Mit klaren Linien ist es im Profil ins Bild gesetzt. Sein Blick geht von oben in die Hülle und trifft genau den Menschen oben auf der Turmspitze. Ihn und seinen Turm hat es in den Blick genommen.

Die Menschen haben einen Turm gebaut, dessen Spitze bis an den Himmel reichen soll. Sie wollen nach den Sternen greifen. Aber bei aller Baukunst und allem eingegangenem Risiko, der Griff gelingt nicht. Sie erreichen den Himmel nicht. Und sie haben bei dem ganzen Vorhaben ihren Blick nie auf Gott gerichtet. Gott muss erst herabfahren, er muss sich erst herabbeugen, um zu sehen, was die Menschen da bauen. Er nimmt die Menschen und ihr Tun in den Blick und zieht seine Konsequenzen daraus.

Ökumenischer Bibelsonntag 2024:
Gottes Schöpfung – Geschenk und Verantwortung (Gen 1,26-31)

Dr. A. Gruschwitz (EmK), Dr. M. Linnenborn (Röm.-Kath.), M.-A. Călin (Rum.-Orth.), R. Raab-Zerger (AMG), Dr. J. Wagner (ACK/BFeG), A. Werner-Hoenen (Ev.-Luth.)

Anmerkungen zum Gottesdienst

Anmerkung zum Bibeltext des Gottesdienstes

Da in Deutschland **seit 1982 jährlich am letzten Sonntag im Januar der ökumenische Bibelsonntag** begangen wird, an dem katholische, evangelische, orthodoxe und freikirchliche Gemeinden das Wort Gottes feiern, hat die Deutsche Bischofskonferenz im Frühjahr 2020 entschieden, dass der **weltweite Sonntag des Wortes Gottes in Deutschland gleichzeitig mit dem ökumenischen Bibelsonntag** gefeiert wird. Damit ist auch die Voraussetzung für einen Ökumenischen Gottesdienst zum Bibelsonntag geschaffen.

Weitere Informationen dazu unter **www.bibelwerk.de/Bibelsonntag**

Liederbücher

→ **EG – Evangelisches Gesangbuch, BEL** – Baden, Elsass-Lothringen
→ **EM** – Gesangbuch der Evangelisch-methodistischen Kirche
→ **F&L** – Feiern und Loben, Gesangbuch der Evangelisch-freikirchlichen Gemeinden und Freien evangelischen Gemeinden
→ **GL – Gotteslob**

Einführende Überlegungen

Der Gottesdienst wurde von einer multilateralen Arbeitsgruppe der Arbeitsgemeinschaft Christlicher Kirchen in Deutschland erarbeitet.
Er lässt sich so feiern, wie in diesem liturgischen Ablauf abgedruckt. Die Arbeitsgruppe zeigt an einzelnen Stellen alternative Möglichkeiten auf und stellt damit Gottesdienst-Bausteine für den ökumenischen Bibelsonntag zur Verfügung, die anregen sollen, vor Ort einen eigen geprägten Gottesdienstablauf zu erarbeiten, der im ökumenischen Feiern Gott ehrt, der uns begleitet und hält.

Liturgie des Gottesdienstes

. . . .

Der Gottesdienst folgt der Struktur: ANKOMMEN, HÖREN, TEILEN, WEITERGEHEN.

ANKOMMEN – Gott bringt uns zusammen

. . . .

Präludium und/oder Lied
→ **Himmel, Erde, Luft und Meer** EG 504, EM 52, F&L 491
→ **Dein Lob Herr, ruft** GL 381
→ **Großer Gott, wir loben dich** EG 331, EM 2, F&L 30, GL 380

Liturgische Eröffnung
Alternativ kann entsprechend der jeweiligen Tradition der Gemeinde(n) vor Ort eröffnet werden – z.B. mit Bibelwort: Wochenspruch, Tageslosung und Gebet

L Im Namen des Vaters und des Sohnes und des Heiligen Geistes.
A Amen
L Gnade sei mit euch und Friede von Gott, unserem Vater, und dem Herrn Jesus Christus.

Hinführung zum Thema
In diesem Jahr beschäftigt sich die ökumenische Bibelwoche mit der sogenannten Urgeschichte, den ersten elf Kapiteln der Hebräischen Bibel. Sie führt uns in eine Zeit vor der Zeit. Bevor die konkrete Geschichte Gottes mit seinem Volk beginnt, wird umfassend über Gott und den Menschen nachgedacht. Dazu gehören auch die Erzählungen von der Schöpfung. Ein Text aus diesen Erzählungen, aus dem ersten Kapitel der Bibel, gibt dem diesjährigen Bibelsonntag sein Thema. In diesen Versen ist davon die Rede, dass alles sehr gut erschaffen ist, greift aber auch unsere Verantwortung für die Schöpfung auf. Wir laden Sie ein, gemeinsam vor Gott zu kommen, für seinen Segen zu danken und seinen Auftrag neu anzunehmen und anzugehen. Viele junge Menschen gehen aktuell auf die Straße, um sich für einen besseren Umgang mit unserer Welt und unserem Planeten einzusetzen. Begriffe wie „die Letzte Generation" machen dabei deutlich, wie unser aktueller Umgang mit der Schöpfung bei nicht Wenigen zu Panik führt. Denn die Ausbeutung und Zerstörung der Umwelt führt uns an den Abgrund. Deshalb ist das Thema des Bibelsonntags höchst aktuell. Unser Wunsch ist es, dass die biblischen Texte gerade in diesem Kontext neu lebendig werden und zum Handeln ermutigen.

Schuldbekenntnis (von Jacques Berthier, Taizé 1978)
Man kann diesen Kyrieruf ausgestalten, indem die Bitten von einem/einer Kantor*in vorgesungen werden, während die Gemeinde im Hintergrund die Harmonien summt.

L Gott, Schöpfer allen Lebens, Du hast diese Welt und alles, was sich darin befindet, aus unergründlicher Liebe ins Leben gerufen und ihre Pracht für gutgeheißen. Doch greifen wir durch unsere Lebensweise in Deine gute Schöpfungsordnung lebensbedrohlich ein und bekennen unseren Anteil am Aussterben der Artenvielfalt.
A Wir rufen zu Dir: Herr, erbarme Dich!

oder gesungen: Kyrieruf EG 178.12

L Gott, Barmherziger Erretter allen Lebens, Deinen geliebten Sohn, Jesus Christus, hast Du in diese Welt gesandt, um der Menschheit Deinen Weg der Liebe vorzuleben und um sie zu erlösen. Dennoch ist unser Glaube schwach und unser Mut zur Verantwortung für diese Welt unzulänglich.

A Wir rufen zu Dir: Herr, erbarme Dich!

oder Kyrieruf EG 178.12

L Gott, Erneurer allen Lebens, Dein Heiliger Geist belebt und befreit uns durch den Glauben und ruft uns täglich zur Umkehr. Wir bekennen, dass wir uns nicht genügend um die Bewahrung Deiner Schöpfung sowie eine gerechte Verteilung ihrer Güter gekümmert haben.

A Wir rufen zu Dir: Herr, erbarme Dich!

oder Kyrieruf EG 178.12

L Der Herr erbarme sich unser. Er nehme von uns, was uns trennt von ihm und voneinander, unsere Sünde und Schuld, und führe uns zum ewigen Leben. Amen.

Lied

→ **Meinem Gott gehört die Welt**   EG 408, EM 90, F&L 492
→ **Wenn ich, o Schöpfer, deine Macht** EG 506, EM 54, F&L 484, V.1-4, GL 463
→ **Herr, dich loben die Geschöpfe**   EM 51, GL 466
→ **Herr, die Erde ist gesegnet**   EG 512

Gebet

Gott, du Ursprung allen Lebens,
du hast gewollt, dass die Welt gut ist.
Allen Geschöpfen hast du Lebensatem eingehaucht.
Wir danken dir für alles, was lebendig ist,
in seiner Vielfalt und mit seinem Reichtum.
Uns Menschen hast du als dein Bild geschaffen
und uns die Erde anvertraut.
Gib, dass wir unsere Aufgabe erfüllen
in Verantwortung vor dir,
vor unseren Schwestern und Brüdern in der weiten Welt
und vor den Generationen, die nach uns leben werden.
Lass uns in Gerechtigkeit und Liebe
mitwirken an der Vollendung deines Werkes.
Darum bitten wir durch Jesus Christus, unseren Bruder und Herrn.
Amen.

Lied

→ **Gott gab uns Atem**   EG 432, EM 579, GL 468
→ **Suchet zuerst Gottes Reich in dieser Welt** EG 182, EM 319, GL 483

HÖREN – Gott spricht zu uns

Lesung AT

Genesis 1,26-31

Psalm 104 (Antwortpsalm)

mit Liedruf: „Sei Lob und Ehr dem höchsten Gut"	*EG 326*
oder: „Lobe den Herrn, meine Seele." (Ps.104,1)	*GL 58.1*
oder: „Sende deinen Geist aus und das Antlitz der Erde wird neu" (Ps.104,30)	*Gl 645.3*
oder: „Die Herrlichkeit des Herrn ..." (Ps. 104,31.33)	*EG 547, GL 412*

1 Preise den HERRN, meine Seele! / HERR, mein Gott, überaus groß bist du! Du bist mit Hoheit und Pracht bekleidet.
2 Du hüllst dich in Licht wie in einen Mantel, du
spannst den Himmel aus gleich einem Zelt.

Liedruf

10 Du lässt Quellen sprudeln in Bäche, sie eilen zwischen den Bergen dahin.
11 Sie tränken alle Tiere des Feldes, die Wildesel stillen ihren Durst.
12 Darüber wohnen die Vögel des Himmels, aus den Zweigen erklingt ihr Gesang.

Liedruf

13 Du tränkst die Berge aus deinen Kammern, von der
Frucht deiner Werke wird die Erde satt.
14 Du lässt Gras wachsen für das Vieh und Pflanzen für den Ackerbau des Menschen, damit er Brot gewinnt von der Erde
15 und Wein, der das Herz des Menschen erfreut, damit er das Angesicht erglänzen lässt mit Öl und Brot das Herz des Menschen stärkt.

Liedruf

24 Wie zahlreich sind deine Werke, HERR, / sie alle hast du mit Weisheit gemacht, die Erde ist voll von deinen Geschöpfen.
27 Auf dich warten sie alle, dass du ihnen ihre Speise gibst zur rechten Zeit.
30 Du sendest deinen Geist aus: Sie werden erschaf-
fen und du erneuerst das Angesicht der Erde.

Liedruf

34 Möge ihm mein Dichten gefallen. Ich will mich freuen am HERRN.
35c Preise den HERRN, meine Seele! Halleluja!
Amen

Lesung NT
Römer 8,18-22

Hallelujaruf
GL 174.1 (Taizé) oder der Refrain von „Suchet zuerst Gottes Reich" aus EG 182, GL 483, EM 319

Evangeliumslesung
Matthäus 6,25-32

Hallelujaruf

Predigtimpuls
Marius-Adrian Călin (C), Jochen Wagner (W)
Der Gottesdienst legt seinen Schwerpunkt auf das Thema der Verantwortung für die Schöpfung. Es ist deshalb sinnvoll, zunächst zu hören, was in unterschiedlichen Traditionen und Lebenswelten mit diesem Motto verbunden wird.
Ich verbinde in meiner Tradition mit „Schöpfung" und „Verantwortung für die Schöpfung" Folgendes:
C: In der orthodoxen Tradition ist die Vorstellung von der Schöpfung vor allem mit der jüdisch-christlichen Kultur und der Tradition einer Erschaffung aus dem Nichts *(ex nihilo)* verbunden. Diese Art der Schöpfung ergibt sich direkt aus der Offenbarung, dass Gott, der Eine, der ist, der All-Seiende, der die Welt aus Liebe geschaffen hat. Die orthodoxe Betrachtung der Schöpfung lässt uns verstehen, dass wir nicht die Eigentümer, die Besitzer, der Schöpfung sind, denn die Welt gehört Gott und nicht uns, und die Verantwortung für die Schöpfung ist sehr groß.
Die Berufung des Menschen ist es, Priester der Schöpfung zu sein. Und hier geht es nicht um ein missionarisches Priestertum, sondern um ein ontologisches Priestertum, bei dem der Priester derjenige ist, der die Welt in seine Hände nimmt und sie Gott zurückgibt, um seinen Segen auf das Gegebene zu bringen.
W: Ich kann das Thema nicht losgelöst von der Gesellschaft und den aktuellen Themen betrachten. Ganz im Gegenteil. Gerade diesen Themen bin ich besonders zugewandt. Folglich verbinde ich in meinem Umfeld das Thema mit dem Begriff Lützerath. Während ich diese Zeilen schreibe, ist die Räumung noch nicht lange her. Daneben fallen mir sofort die Aktivistinnen und Aktivisten der *Letzten Generation* ein und mir kommen Worte wie „Kipppunkte" in den Sinn. Deshalb fällt mir als letztes das Wort „Panik" dazu ein, die berechtigte Panik einer Generation, die keine Zukunft mehr zu haben scheint. Dies steht im krassen Gegensatz zum Nicht-sorgen in der Lesung aus dem Matthäusevangelium. Folglich stellen sich mir viele Fragen, wie z.B.: „Wie kann ich in diese Situationen aus christlicher Sicht Mut und Hoffnung hineinsprechen und gleichzeitig meine Mitchrist:innen dafür gewinnen, auch aktiv zu werden?"

Die Schöpfung (Gen 1,26-31)

1. Gottes Werk

C: Das Schicksal der Welt ist mit dem Schicksal des Kranzes der Schöpfung, dem Schicksal des Menschen, verbunden. Die Welt ist das Geschenk, der Ausdruck der Liebe Gottes zum Menschen. „Diese Welt ist der Weg, sie ist nicht das Ende des Weges", wie Prof. Dumitru Stăniloae sagte. „Die Beziehung des Menschen zu seiner Umwelt, zu Gottes Schöpfung, hat in der Tradition der Kirche einen tiefgreifenden theologischen Charakter. Nach dem biblischen Schöpfungsbericht ist der Mensch der Welt, in der er von seinem Schöpfer zum Leben eingesetzt wurde, nicht völlig fremd. Wenn alles, was entsteht, durch Gottes Worte entsteht, die sich in der Schöpfung kristallisieren, so erschafft Gott den Menschen, indem er sich auf die bereits in der Welt vorhandene Materie beruft, die er formt und ihr Leben einhaucht (Genesis 2, 7). Von Anfang an besteht also eine besondere Beziehung zwischen dem Menschen und seiner Umwelt (...). Die Rolle des Menschen in Bezug auf die Welt ist nicht die des homo venator, sondern eines Priesters der Schöpfung."

W: Ich habe in der Ökumene gelernt, die Schöpfung bzw. den Schöpfer zunächst einmal zu loben, bevor ich in Aktionismus verfalle. Vor allem Einsatz für die Schöpfung steht ihre Betrachtung, ein Staunen, ein Lob; steht so etwas wie Ehrfurcht. Aus dem Lob des Schöpfers erwächst die Kraft, aktiv zu werden und zu handeln. Darüber hinaus legt unser Bibeltext nahe, „sich in Demut zu erinnern, dass wir die Schöpfung nicht allein erhalten können, sie aber zugleich auch nicht preisgeben dürfen. Wir sind vor Gott zu verantwortlichem Handeln aufgerufen, nicht nur in der großen Politik auch in den kleinen Bezügen unseres privaten Lebens, um das Lebenshaus der Menschen zu erhalten – so lautet der Kern der Botschaft von Gen 1" (Michaela Bauks).

2. Unser Beitrag

C.: Der heutige Mensch hat einen Aspekt der christlichen Lehre überbetont, der – so aus dem Zusammenhang gerissen – sehr schädlich geworden ist. Es ist die Vorstellung, dass der Mensch ein Beherrscher der Welt ist. Wenn der Mensch ursprünglich durch die Schöpfung der Herr in der Welt sein sollte, im Sinne eines Priesters, der sie heiligt, so glaubt der Mensch heute, dass er mit der Natur alles machen kann – dass er sie nach Belieben umgestalten kann, um sein endloses Bedürfnis nach Vergnügen und Komfort zu befriedigen. Dies hat zu der ökologischen Krise geführt, die wir heute kennen und die niemand in den Griff zu bekommen scheint. Der Mensch, der als Krone und König der Natur gilt, hat es sich erlaubt, sich wie der schlimmste Despot zu verhalten. Der Mensch hat vergessen, dass „herrschen" im biblischen Sinne nichts anderes bedeutet als „dienen", dass die Natur die Heimat aller Menschen ist, dass zwischen ihnen und der Natur Harmonie herrschen muss, dass die Natur personifiziert oder vermenschlicht und nicht ausgebeutet und entwürdigt werden darf.

In der orthodoxen Tradition ist der Mensch zum König und zur Krone der Schöpfung ernannt worden. Aufgrund der Sünde ist es dazu gekommen, dass die Natur für ihn auch schädlich ist. Wir stellen fest, dass der Christ heute beim kleinsten Problem oder einer Naturkatastrophe aus der apokalyptischen Perspektive denkt und diese interpretiert und dabei vergisst, sich an das erste Buch der Heiligen Schrift zu erinnern, das von der Erschaffung des Menschen, dem Sündenfall und seinen Folgen spricht. Der Glaubende muss ein Mensch der Hoffnung sein, optimistisch und zuversichtlich im Hinblick auf den Sieg des Guten, der Gerechtigkeit und des Friedens. Er muss ein aktiver und dynamischer Faktor für deren Sieg in der Welt sein. Es ist seine Aufgabe, als Krone oder Krönung der Schöpfung ein „Priester" und ein „Apostel" der ewigen Werte zu sein. Er muss die Natur und das Leben als Geschenk Gottes wertschätzen und hat die Verantwortung, sie durch Liebe und Gemeinschaft mit Sinn zu füllen.

W: Die Begriffe „Bewahrung" und „Verantwortung" beschäftigen die Kirchen schon lange, wenn es um das Thema Schöpfung geht. Auf der einen Seite wird darüber diskutiert, ob wir Menschen die Schöpfung überhaupt bewahren können, oder ob wir uns damit nicht etwas anmaßen, was außerhalb unserer Möglichkeiten steht. Auf der anderen Seite sind wir uns einig darin, dass wir Verantwortung für das haben, was uns anvertraut wurde – und dass wir sogar Mitschöpfer*innen sind.

Um als Kirchen noch aktiver zu werden, braucht es jedoch neue und positiver besetztere Begriffe als wir sie bislang haben. Unser bisheriges Wording reicht nicht aus, um uns hinreichend in Bewegung zu setzen. Vielleicht können uns hier die biblischen Bilder den Weg weisen. So ist im sogenannten zweiten Schöpfungsbericht von einem Garten die Rede, vom Garten Eden. Dazu der starke Begriff des Paradieses. Die Erzählungen sind ja nicht nur ein Blick zurück, sondern können auch als Ausblick nach vorne gelesen werde, als eine Utopie. Wenn man unseren Beitrag, unsere Verantwortung, positiv beschreiben will, könnte man also zum Beispiel Gärten der Hoffnung beschreiben, auf die wir zugehen und für die wir uns einsetzen. Ein zweites Beispiel für ein positives Framing ist das Wort „Paradising": „Mit Paradising wollen wir Vorstellungen von einer Welt, die soziale und ökologische Paradiese bietet, zurückgewinnen und neue erarbeiten. Diese Bilder sind für uns die mentale Voraussetzung für ein zielgerichtetes Handeln. Es macht auch Freude, sich unsere Vorstellungen, die Wildnis der Welt, und eine Radikalität im Träumen für das Mögliche zurückzuerobern. Paradising heißt somit auch, Geschichten vom „guten Umgang mit der Welt" zu erzählen. Dabei geht es nicht nur um die Entstehung sogenannter ökologischer Paradiese, sondern auch sozialer Fantasien und ökonomischer Kreativität, die hier womöglich weniger ausgeführt wurden." (**https:// kurzelinks.de/81wz**).

Meine christliche Hoffnung – auch in der Klimakrise – lässt sich so zusammenfassen: Gott gehört die Zukunft – aber auch den Mutigen! (Kolping) Deshalb sollen die Mutigen hier das letzte Wort haben. Ich schließe mit einer „Predigt" aus dem Jahr 2022, die von der Letzten Generation stammt, nachdem sie an einem Weihnachtsgottesdienst „teilnehmen" wollten, indem sie sich mit Warnwesten bekleidet friedlich an die Krippe stellen wollten. Sie schreiben: „Die Geburt dieses Kindes, von dem man sagt, dass es die Welt verändern werde, macht auch uns Hoffnung. Es liegt uns fern, einen Gottesdienst stören zu wollen. Wir haben in diesen schwierigen Zeiten Hoffnung bitter nötig und die Kirchen schenken sie uns. Dafür danken wir ihnen von ganzem Herzen. Lasst uns den Mut und die Kraft, die wir aus dieser Hoffnung schöpfen, gemeinsam für das nutzen, was jetzt unseren vollen Einsatz braucht – die Bewahrung der Schöpfung. Wir alle, die letzte Generation vor den Kipppunkten, dürfen uns nicht damit abfinden, nur auf einen Neubeginn zu hoffen oder Nächstenliebe zu predigen. Wir müssen unser Handeln danach ausrichten – aus Liebe zum Leben. Das Kind in der Krippe wird als Erwachsener andauernd zur Umkehr rufen. Es passt, dass an seinem Geburtstag auch zu tun. Als Letzte Generation sagen wir, was die Kirchen schon lange sagen: Kehrt um und glaubt, dass ein anderes Leben möglich ist. Ein Leben miteinander, nicht auf Kosten der Ärmsten. Ein Leben mit diesem Planeten, nicht gegen ihn. Jetzt ist die Zeit dafür." Und ich ergänze: Amen.

Lied

Die Erde ist des Herrn	EG und GL in vielen regionalen Anhängen, EM 581
Gott liebt diese Welt	EG 409, GL 464, EM 40
Fließe in uns, Atem Gottes	Helmut Schlegel OFM

TEILEN – Gott verbindet uns miteinander

Glaubensbekenntnis

Nicänum in ökumenischer Fassung: GL 586, EG (Bayern) 904, EG (Baden) 882, EM 770. In der ökumenischen Fassung entfällt im Artikel über den Heiligen Geist das erste „und dem Sohn". Es heißt: „der aus dem Vater hervorgeht".

Alternativ: Das sog. Soziale Bekenntnis (EM 771):

Wir glauben an Gott, den Schöpfer der Welt,
und an Jesus Christus, den Erlöser alles Erschaffenen,
und an den Heiligen Geist, durch den wir Gottes Gaben erkennen.

Wir bekennen, diese Gaben oft missbraucht zu haben,
und bereuen unsere Schuld.

Wir bezeugen, dass die natürliche Welt Gottes Schöpfungswerk ist.
Wir wollen sie schützen und verantwortungsvoll nutzen.

Wir nehmen dankbar die Möglichkeiten menschlicher Gemeinschaft an.
Wir setzen uns ein für das Recht jedes Einzelnen
auf sinnvolle Entfaltung in der Gesellschaft.

Wir stehen ein für das Recht und die Pflicht aller Menschen,
zum Wohl des Einzelnen und der Gesellschaft beizutragen.

Wir stehen ein für die Überwindung von Ungerechtigkeit und Not.

Wir verpflichten uns zur Mitarbeit am weltweiten Frieden
und treten ein für Recht und Gerechtigkeit unter den Nationen.

Wir sind bereit, mit den Benachteiligten unsere Lebensmöglichkeiten zu teilen.
Wir sehen darin eine Antwort auf Gottes Liebe.

Wir anerkennen Gottes Wort
als Maßstab in allen menschlichen Belangen
jetzt und in der Zukunft.

Wir glauben an den gegenwärtigen und endgültigen Sieg Gottes.
Wir nehmen seinen Auftrag an, das Evangelium in unserer Welt zu leben.

Amen

Lied
Erd und Himmel sollen singen EG 499, EM 65
Erfreue dich, Himmel GL 467, EM 56

Aktion
Bei diesem Thema bieten sich vielfältige Aktionen an. Als Beispiel, das an vielen Orten schon umgesetzt wurde, sei auf Baumpflanzaktionen hingewiesen. Als weiteres Beispiel sei die Blumenwiesen-Aktion genannt, hier vom Umweltreferat der Evangelischen Landeskirche in Württemberg vorgestellt: **https://kurzelinks.de/zse3**

Bitten
L Gott, du Schöpfer des Himmels und der Erde, wir kommen zu Dir und bringen unsere Bitten vor dich.
Du hast uns die Erde anvertraut, und wir stehen heute ratlos vor dem Ergebnis.
A Bleibe bei uns, Gott.
L Viele junge Menschen geraten in Panik, da die Erde vor einer Katastrophe steht.
A Bleibe bei uns, Gott.
L Ihnen und uns fehlt oft Hoffnung und Mut, um uns mit ganzer Kraft für die Bewahrung der Schöpfung einzusetzen.
A Bleibe bei uns, Gott.

L Gott, du Erneuerer dieser Erde
Wir brauchen Kreativität und neue Ideen, um unseren Lebensstil zu ändern.
A Lass uns ein Segen sein.
L Wir müssen mit vielen Dingen aufhören und umkehren.
A Lass uns ein Segen sein.
L Wir leben davon, dass Du in dieser Welt wirkst.
A Lass uns ein Segen sein.

Überleitung zum Vaterunser

Vaterunser

Friedensgruß
L Gebt einander ein Zeichen des Friedens und der Verbundenheit der Herzen.

Kollekte
Die evangelische Bibelgesellschaft und die katholische Bibelkommission in Pakistan führen seit vielen Jahren ökumenische Fortbildungen zur Bibel durch. Sie arbeiten außerdem an gemeinsamen Bibelübersetzungen (z.B. in Urdu). Im Jahr 2024 möchten sie weitere Leiterinnen und Leiter für Bibelkreise und Gemeinden ausbilden. Zu diesem werden Bibelstudienkurse organisiert. Das Projekt hilft, vielen Menschen in Pakistan die Botschaft der Bibel zu öffnen und die Gemeinden zu stärken. Außerdem wird dadurch die gute ökumenische Zusammenarbeit zwischen den Gemeinden gefördert.

Spendenkonto: Liga-Bank
IBAN: DE94750903000006451551 BIC: GENODEF1MO5
Stichwort: Bibelsonntag

Lied

→ **Lass uns in deinem Namen, Herr**   EG in vielen landeskirchlichen Anhängen ab 540, GL 446, EM 57
→ **Bewahre uns Gott**   EG 171, EM 488, F&L 120, GL 453
→ **Komm, Herr, segne uns**   EG170, EM 503, F&L 121, GL 451

WEITERGEHEN – Gott sendet uns

....

Sendung und Segen

L: Gestärkt durch Gottes Wort und die Erfahrung seiner Gegenwart
in unserer Mitte lasst uns um Gottes Segen bitten.
Gott, der Quelle und Ziel allen Lebens ist, segne euch und begleite euch auf euren Wegen in dieser Welt, die er uns anvertraut hat.
Er gebe euch den Mut und die Weisheit, eure Verantwortung für die Schöpfung und für die Zukunft des Lebens auf der Erde wahrzunehmen.
Er schenke euch allezeit Dankbarkeit für die Gaben der Schöpfung und für die Vielfalt und den Reichtum des Lebens.
Er stärke euch, mit all euren Kräften mitzubauen an einer Welt
der Gerechtigkeit und des Friedens für alle Menschen.
Das gewähre euch der dreieinige Gott, der Vater und der Sohn und der Heilige Geist.

Gemeindelied und/oder Postludium

Kollektenempfehlung

Arbeitshilfen zur Ökumenischen Bibelwoche 2023/2024

Wolfgang Baur
„Und das ist erst der Anfang …"
Ökumenische Bibelwoche 2023/2024
Begleitheft – Zugänge zur Urgeschichte
geheftet, durchgehend farbig, 16,5 x 23,5 cm, 44 Seiten
ISBN 978-3-7615-6943-6

Volker A. Lehnert
„Licht und Schatten"
Ökumenische Bibelwoche 2023/2024
Der Gemeinde zur Bibelwoche – Sieben Bibelarbeiten zur Urgeschichte
geheftet, 14,8 × 21 cm, 44 Seiten
ISBN 978-3-7615-6944-3

Plakat zur Bibelwoche
DIN A3, gefalzt auf DIN A4, mit Platz für individuellen Eindruck
ISBN 978-3-7615-6945-0

Weitere Informationen auf **www.neukirchener-verlage.de/fuer-die-praxis/material-zur-bibelwoche**

Verzeichnis der Autorinnen und Autoren

Michaela Bauks

war von 1995–2005 Professorin für Altes Testament an der Theologischen Fakultät in Montpellier (Frankreich) und ist seitdem an der Universität Koblenz tätig. Sie ist eine der Herausgeber*innen des Wissenschaftlichen Bibellexikons im Internet (Deutsche Bibelgesellschaft; www.wibilex.de) und hat ihren Forschungsschwerpunkt in der Exegese, Traditions- und Rezeptionsgeschichte von Gen 1-11.

Kerstin Offermann

ist leidenschaftliche Pfarrerin, verheiratet, zwei Kindern, lebt in Greifenstein in Hessen. Sie ist begeistert davon, dass durch die Bibeltexte immer wieder überraschend Gott redet, und begeistert dafür, mit andern zusammen diese Entdeckung zu machen.

Wolfgang Baur

ist Stellvertretender Direktor des Katholischen Bibelwerks e. V. und verheiratet mit einer evangelischen Theologin. Seit dem gemeinsamen Studium in Jerusalem sind zwei Überzeugungen immer präsent: Die Bibel ist Grundlage allen Glaubens und Lebens als Christen, und wir verstehen diese Urkunde des Glaubens am besten, wenn wir sie aus ganz unterschiedlichen Perspektiven gemeinsam entdecken. Dafür bietet die Bibelwoche eine großartige Chance.

Johannes Beer

lebt und arbeitet als Pfarrer in Herford. Er ist verheiratet und hat zwei Kinder. Kunst und Bibel gehören unbedingt zu seinem Leben. Mit Begeisterung arbeitet er in diesem Spannungsfeld.

Katharina Falkenhagen

Ist seit Oktober 2023 Pfarrerin in Bremen, geb. 1966, verheiratet, 7 Kinder. Die Bibelwoche inspiriert mich zum persönlichen Bibelstudium im turbulenten Alltag von Familie und Pfarramt. Die intensive Beschäftigung mit einem biblischen Buch gibt der Gemeinde und mir die Chance, die jeweiligen Texte genau anzuschauen und in den persönlichen Alltag hineinsprechen zu lassen. Die Bibelwoche leistet für mich einen wichtigen Beitrag zur modernen „Inneren Mission".

Sven Körber

ist als Religionspädagoge im Amt für missionarische Dienste der Ev. Kirche von Westfalen für die Werkstatt Bibel in Dortmund zuständig. Es fasziniert ihn, immer wieder neu zu entdecken, wie die Botschaft der Bibel im Alltag erfrischend aktuell bleibt: „Gott ist mit uns."

Rita Müller-Fieberg

verheiratet, zwei Kinder, kommt aus Bergisch Gladbach (NRW). Ob in der Lehrerfortbildung, mit Studierenden, mit „kleinen" oder „großen" Menschen: Bleibend spannend findet sie, dass wir beim Hören auf die Bibel eigentlich alle immer wieder gemeinsam Lernende und Beschenkte sind.

Eleonore Reuter

lebt mit ihrem Mann in Belm bei Osnabrück. Sie war bis 2022 Professorin für Exegese an das Katholischen Hochschule in Mainz, wo sie zukünftige Gemeindereferent*innen bei ihren ersten Schritten im Umgang mit der Bibel angeleitet und begleitet hat. Die Freiheiten des Ruhestands nutzt sie für die Beschäftigung mit der Bibel im Schnittfeld von Erfahrung und Verstehen.

Jochen Wagner

ist freikirchlicher Referent in der Ökumenischen Zentrale der ACK in Deutschland und wissenschaftlicher Mitarbeiter an der Universität Koblenz im Bereich der Bibelwissenschaften. Seit 2007 ist er Pastor im Bund Freier evangelischer Gemeinden. Bibel und Ökumene sind ihm ein Herzensanliegen und er ist davon überzeugt, dass sich gerade in der Verbindung beider Themen viele verborgene Reichtümer entdecken lassen.

Katharina Wiefel-Jenner

ist Pfarrerin und lebt in Berlin. Mit Leidenschaftlich unterrichtet sie vor allem die Menschen, die selbst mit Leidenschaft in ihren Gemeinden predigen, mit Anderen Gottesdienste feiern und selbst unterrichten. Bibellesen gehört für sie zur Basis des Lebens und Arbeitens in der Gemeinde. Deswegen müssen alle bei ihr damit rechnen, dass sie durch sie regelmäßig an den großen Schatz der Bibel erinnert werden und auch an die Bedeutung der biblischen Überlieferung für alles im Leben.

Stephan Zeipelt

lebt mit seiner Frau und seinen beiden Kindern in der Fußballhauptstadt Dortmund. Er ist Pfarrer der schönsten Pfarrstelle der westfälischen Landeskirche: in der Werkstatt Bibel darf er im Namen des *oikos*-Instituts der EKvW mit allen Altersgruppen die Bibel und ihre Inhalte vorstellen und Menschen zeigen, wie aktuell Gott in seinem Wort heute zu jedem redet.

Manfred Zoll

ist Leiter der KIRCHE UNTERWEGS e.V. und dabei verantwortlich für Ferienprogramme auf Campingplätzen, Kinderbibelwochen, Männervesper, Glaubenskurse sowie Bibel- und Gemeindeabende. Bei der „Christlichen Zirkusschule" ist schon mal clowneskes Temperament vonnöten. Das musikalische Hobby (Gitarre und Singen) kommt bei allen Veranstaltungstypen zur Geltung.

Weitere an der Ökumenischen Bibelwoche beteiligte Autor*innen:
Annette Gruschwitz (EmK), Dr. Marius Linnenborn (Röm.-Kath.), Pr. Dr. Marius-Adrian Călin (Rum.-Orth.), Ruth Raab-Zerger (AMG), Pfarrerin Allison Werner-Hoenen (Ev.-Luth.)